RISK INTELLIGENCE

风险智慧

——学会管理未知项

〔美〕戴维·阿普加 著

郭为 译

商务印书馆

2009年·北京

David Apgar

Risk Intelligence

Learning to Manage What We Don't Know

Original work copyright ©David Apgar.

Published by arrangement with Harvard Business School Press.

图书在版编目(CIP)数据

风险智慧——学会管理未知项/〔美〕阿普加著;郭为译. —北京:
商务印书馆,2009
ISBN 978-7-100-05732-5

I. 风… II. ①阿…②郭… III. 企业管理:风险管理 IV. F273.3

中国版本图书馆CIP数据核字(2008)第 003864 号

所有权利保留。

未经许可,不得以任何方式使用。

风 险 智 慧
——学会管理未知项

〔美〕戴维·阿普加 著
郭 为 译

商 务 印 书 馆 出 版
(北京王府井大街36号 邮政编码 100710)
商 务 印 书 馆 发 行
北京瑞古冠中印刷厂印刷
ISBN 978-7-100-05732-5

2009年5月第1版　　开本 700×1000 1/16
2009年5月北京第1次印刷　印张 15¾
定价 40.00 元

商务印书馆—哈佛商学院出版公司经管图书翻译出版咨询委员会

（以姓氏笔画为序）

方晓光　盖洛普（中国）咨询有限公司副董事长
王建铆　中欧国际工商学院案例研究中心主任
卢昌崇　东北财经大学工商管理学院院长
刘持金　泛太平洋管理研究中心董事长
李维安　南开大学商学院院长
陈国青　清华大学经管学院常务副院长
陈欣章　哈佛商学院出版公司国际部总经理
陈　儒　中银国际基金管理公司执行总裁
忻　榕　哈佛《商业评论》首任主编、总策划
赵曙明　南京大学商学院院长
涂　平　北京大学光华管理学院副院长
徐二明　中国人民大学商学院院长
徐子健　对外经济贸易大学副校长
David Goehring　哈佛商学院出版社社长

致中国读者

哈佛商学院经管图书简体中文版的出版使我十分高兴。2003年冬天,中国出版界朋友的到访,给我留下十分深刻的印象。当时,我们谈了许多,我向他们全面介绍了哈佛商学院和哈佛商学院出版公司,也安排他们去了我们的课堂。从与他们的交谈中,我了解到中国出版集团旗下的商务印书馆,是一个历史悠久、使命感很强的出版机构。后来,我从我的母亲那里了解到更多的情况。她告诉我,商务印书馆很有名,她在中学、大学里念过的书,大多都是由商务印书馆出版的。联想到与中国出版界朋友们的交流,我对商务印书馆产生了由衷的敬意,并为后来我们达成合作协议、成为战略合作伙伴而深感自豪。

哈佛商学院是一所具有高度使命感的商学院,以培养杰出商界领袖为宗旨。作为哈佛商学院的四大部门之一,哈佛商学院出版公司延续着哈佛商学院的使命,致力于改善管理实践。迄今,我们已出版了大量具有突破性管理理念的图书,我们的许多作者都是世界著名的职业经理人和学者,这些图书在美国乃至全球都已产生了重大影响。我相信这些优秀的管理图书,通过商务印书馆的翻译出版,也会服务于中国的职业经理人和中国的管理实践。

20多年前,我结束了学生生涯,离开哈佛商学院的校园走向社会。哈佛商学院的出版物给了我很多知识和力量，对我的职业生涯产生过许多重要影响。我希望中国的读者也喜欢这些图书，并将从中获取的知识运用于自己的职业发展和管理实践。过去哈佛商学院的出版物曾给了我许多帮助，今天，作为哈佛商学院出版公司的首席执行官，我有一种更强烈的使命感，即出版更多更好的读物，以服务于包括中国读者在内的职业经理人。

在这么短的时间内，翻译出版这一系列图书，不是一件容易的事情。我对所有参与这项翻译出版工作的商务印书馆的工作人员，以及我们的译者，表示诚挚的谢意。没有他们的努力，这一切都是不可能的。

哈佛商学院出版公司总裁兼首席执行官

万 季 美

谨以本书献给海伦和霍尔特·阿普加!

致谢	i
第一章 面对风险,改变行为方式	1
危险世界中的恐惧、大胆和风险选择	5
消除丰田和东京中心鱼市之间的学习差距	8
风险之舟	13
学习差距和风险智慧的定义	15
四个风险智慧原则以及对不切实际的风险观点的驳斥	16
不切实际的观点一:所有的风险都是随机的	17
不切实际的观点二:既然风险趋于平均,那么很少能有持续的赢家和输家	18
不切实际的观点三:风险演化没有固定模式	20
不切实际的观点四:不管商业伙伴如何配置风险,他们总是得到一样的结果	23
风险智慧和核心竞争力	25
第二章 作商业决策时区分可习得风险与随机风险	29
关于习得的定义	32
银行家所不知道的风险知识	34
在跳过后文之前你必须了解的内容	38
波音、空中客车和可习得风险评估的经济学	47

估计风险：一种不确定性的不确定测度 …………… 52
　　　诺基亚、美国国际集团(AIG)和无法平衡的风险 …… 57
　　　勇敢面对具有风险竞争优势的新世界 ……………… 61
　　　如果你认为随机性不好，那就忽略它 ……………… 65
　　　为什么现在就要关注风险 …………………………… 68

第三章　给风险智慧打分 ………………………………… 75
　　　为什么风险评估技巧能够起作用 …………………… 76
　　　测度风险智慧 ………………………………………… 80
　　　对风险进行排序 ……………………………………… 85
　　　诊断AT＆T的风险智慧：风险和技巧的错误匹配 … 93
　　　作为风险评估者，给自己分类 ……………………… 97
　　　风险智慧的三个阶段 ………………………………… 110
　　　风险智慧评分怎样对信息价值进行正确估价 ……… 111
　　　信息与习得之间联系缺失的相关性 ………………… 117

第四章　风险战略审计 …………………………………… 121
　　　每次精通一种风险 …………………………………… 123
　　　成功、增长和风险重力定律 ………………………… 125
　　　为什么间断的攻击不总是需要间断的技术 ………… 127
　　　风险组合的传递路径 ………………………………… 130
　　　在多样化和风险智慧之间的平衡 …………………… 133
　　　风险战略矩阵 ………………………………………… 135

风险战略审计 ………………………………………… *139*
　　　谁应该负责风险战略审计 …………………………… *144*
　　　风险战略审计是如何来完善波士顿成长份额矩阵的 … *147*
　　　四季型风险战略模式 ………………………………… *151*
　　　收购和无原则的多元化 ……………………………… *159*
第五章　构建适应风险的关系网络 *163*
　　　关系网络与风险生态 ………………………………… *165*
　　　利用风险角色矩阵,通过关系网络管理风险 ……… *168*
　　　顾客保护伞 …………………………………………… *170*
　　　典型借款者 …………………………………………… *174*
　　　风险减震器 …………………………………………… *176*
　　　风险转移者 …………………………………………… *178*
　　　独行侠(lone wolf)、浅尝辄止者(dabbler)和风险
　　　　角色的迁移 ………………………………………… *180*
　　　平场风险是福还是祸 ………………………………… *187*
　　　如何创造平场风险解救墨西哥 ……………………… *189*
　　　新兴市场风险,外国直接投资和最终的购买者 …… *192*
　　　开放的市场及其敌人 ………………………………… *198*
第六章　努力提高风险智慧 *209*
　　　步骤一:选择项目、处理问题、进行冒险时,随时要
　　　　考虑其中的风险是否可习得 ……………………… *210*

步骤二：为备选方案的风险智慧进行评分，按高低
顺序排列不同方案 …………………………………… 211
步骤三：在风险智慧评分中，寻找适合于你自己的
模式并努力改善它 …………………………………… 212
步骤四：对主要业务实施风险战略审计 ………………… 213
步骤五：根据威胁公司增长的各种缺陷，对新型风
险路径进行分类 ……………………………………… 215
步骤六：比较风险角色矩阵和风险伙伴网络 ……… 217
步骤七：比较适合组织的风险角色与适合风险的
角色 …………………………………………………… 220
步骤八：把握时机，将可习得风险转化成随机风险 …… 221
步骤九：核查新启动的市场是否与目标市场相关 …… 222
步骤十：寻找机会，突破风险和成长之间的相互制约 … 224

注释 ……………………………………………………………… 227
作者简介 ………………………………………………………… 235

致　　谢

我首先要感谢读者。对于我为何写这本书,他们或许会感到有点惊讶——本书意在对非金融风险决策提供切实可行的指导,它在很多方面不同于正统的金融风险管理。我写这本书的原因是自己从事金融风险管理多年;我在雷曼兄弟公司(Lehman Brothers)担任过技术方面的投资银行家;在财政部银监局做过顾问;曾经负责麦肯锡(Mckinsey)货币中心和银行多边风险管理工作;当过保险业公司执行委员会最佳实践经理。这些复杂的经历迫使我从更宽广的角度来解决金融风险管理方面存在的问题。

大约五年前,我在执行委员会负责处理非金融部门风险,并帮助提出了最佳实践方案。当我发现最佳金融风险管理理论和实践根本不能满足非金融部门业务风险管理的需要时,我非常诧异。金融风险管理并不能处理人们在面对真实的风险——营运风险、技术风险、业务风险、安全风险和战略风险时,习得速度和内容方面纷繁复杂的差别。从绝大多

致谢

数关于风险方面的书籍和咨询观点来看,人们总是设法把非金融风险硬塞进标准的金融风险管理框架中。出于这种考虑,我决定写这本书。

我第二个要感谢的是公司执行委员会(Corporate Executive Board)成员。他们推出了培训财务总监、财务主管和财务控制人员的各种方案;而正是这些财务总监、财务主管和财务控制人员那些警示性的问题和探索性的讨论,塑造了我关于最佳风险管理实践的观点。与董事会的研究不同,本书已经超越了现存的管理实践,它的内容在现代风险管理的工具箱中难以找到。为了在真实的风险实践方面更具有说服力,本书尽可能需要最坚实的基础;也是基于这个原因,我深深地感激委员会中那些富有创造力的、勤奋的同事。

对于这些感谢,我还要做一些额外的个人说明。我最需要感谢的是美国国立卫生研究院(National Institutes of Health)的斯蒂芬·阿特休尔(Stephen Altschul),他使我认识到,概率论难以说明风险的遗传与演化。这样,我的眼光被引导到了信息技术理论领域,而该理论为一些实用工具提供了理论支撑。特别地,他告诉我,本书中相关性的定义——作为独特性或不可能性的一个补充,或者说从属于风险智力评分的业务经验的信息内容,可能更吻合标准的信息理论。

还有乔·费尔斯通(Joe Firestone)。他管理着国际知识管理联合会(Knowledge Management Consortium of International),给我提供了耐心的咨询和有用的观点。他不辞

致谢

劳苦地审查我的手稿,极大地提高了本书的质量。乔对真理的激情、证据的质疑和执著的信念——通过把问题向内部公开和讨论,能够更快地处理风险——渗透在本书的字里行间。

我特别要感谢公司执行委员会的成员之一斯科特·博安南(Scott Bohannon)。在我写作期间,他不仅极大地鼓舞了我,而且找到了一种有效的方法让我与委员会成员保持紧密联系。我还要感谢约翰霍普金斯学院高级国际研究中心的罗杰·利兹(Roger Leeds)和戈登·博德纳(Gordon Bodnar)。是他们给了我机会,让我能够通过风险管理课程来检验书中的一些理念。

霍华德·尤恩(Howard Yoon)更像是我的合作者,而不只是做文字处理工作。他提出了很多富有创意的编排方案,但一点不刻板,为本书提供了一个强有力的支持。哈佛商学院出版社的柯尔斯滕·桑德伯格(Kirsten Sandberg)是一个天才的编辑,她将尖锐的评价和明朗的文风结合了起来。拥有了像柯尔斯滕和哈佛这种敏锐而富有创意的团队,本书的瑕疵将更加减少。

我也要感谢一些亲密朋友。格雷格·雷斯特(Greg Rest)及时地告诉我威尔莫·麦克林(Wilmer Mclean)的故事,并用它来开头;谢格得姆·奥克特姆(Cigdem Oktem)则告诉我怎样来叙述它。尼尔·加斯克尔(Neil Gaskell)在婆罗洲(Borneo)壳牌公司工作的时候,和我有一次精彩的会谈,这些年来一直给我金融管理方面诸多建议。布赖恩·楚

致谢

(Brian Tsui)提供给我的数据有力地支持了第二章关于产出曲线的说明。和斯坦福鲍勃·霍尔(Bob Hall)的交谈,让我了解了均衡粘性工资在经济衰退时是如何影响失业率的。

第一章　面对风险，
　　　　改变行为方式

在和富裕寡妇弗吉尼亚·豪厄·玛森（Virginia Howe Mason）结婚之后两年，威尔莫·麦克林（Wilmer Mclean）停止了在亚利桑那的杂货批发生意，回到位于北弗吉尼亚威廉王子郡的约克夏农场。在接下来的7年多时间里，他和他富有的新娘生了两个孩子；其余的时间，就用来盛情招待他的朋友们。1861年5月，南方联邦军队利用布尔朗河流形成的天然屏障，在他农场南部建起了军营。

1861年7月18日，波尔格（Beauregard）上将征用了麦克林的石砌谷仓，随后北部联邦军队的炮弹就从农舍的烟囱掉进瓦罐，炸毁了上将参谋部的午餐食品。[1] 接踵而至的小规模冲突倒没有什么，但第一次布尔朗战役难以想象地残酷，它3天后在麦克林的农场引发了真正的对抗。[2]

麦克林的生活离南方新形成的联邦阵线非常近，这给了他一个机会——他一边重新建立更大的批发生意，为军队提

第一章

供食糖，一边过着具有田园色彩的上流社会生活。但机会总是伴随着风险。毕竟，有一只军队就待在他的后院。不过，也可能有一种方法在攫取机会的同时又能够消灭风险。如果他住得离里奇蒙德的南部补给线中心近一些，离城市足够远，那么他就能够避开双方的军队，并保持舒适的"地主"生活。

因此，麦克林把家搬进了弗吉尼亚的偏远地方。这看起来是一次聪明的迁移：一年以后，第二次布尔朗战役爆发，李(Lee)将军从约克郡的盖茨堡撤退期间，两军在那里又发生过冲突。

随后的3年，麦克林过着平静的生活，他的妻子给他生了第三个孩子。但在1865年的4月9日，他一觉醒来，发现身着白胡桃色制服的士兵成纵队行进在阿波迈克托斯县府——这个在军事上并不重要的村子，可怜的是，他还有意把它作为自己的避难所。当麦克林看着十字路口的士兵，他们的靴子搅起满天尘土的时候，南方联邦陆军上校马歇尔(Marshall)走近了他，好像很随意地向他借用房子。麦克林第一次推荐了一间没有家具的房子，但马歇尔拒绝了；最后，麦克林非常不情愿地让出了他的会客厅。

在会客厅，南方联盟上将罗伯特·E.李(Robert E. Lee)和北方联盟上将格兰特(Grant)经过几小时的谈判，终于签订了投降协议。随后，战争的最后争夺开始了。只不过，对于麦克林来说，战斗争夺的是他客厅里的家具，只要是脑筋转得快一点儿的官员都知道，这些东西在将来都是无价的纪

面对风险,改变行为方式

念物。

谢尔顿(Sheridan)上将要花2.5美元买下格兰特将军用过的椅子和椭圆形的桌子,麦克林解释说这些东西不出售,但无法不作出让步,他说:"只要你有体力拿,就拿走吧。"[3]谢尔顿带走了它。

骑兵军官努力想买下其他的椅子,当他抓住椅子时,麦克林拒绝了。其他人则抢光了室内装潢物品和藤编椅子背衬。陆军上校托马斯·W. C. 摩尔(Thomas W. C. Moore)甚至抢了麦克林女儿露拉扔在地上的一个破烂洋娃娃绝尘而去。最后,另一个北方联盟将军约翰·吉本(John Gibbon)在房子里为吉姆斯的新军搭建了一个临时指挥部。

第二天,麦克林的一个远房亲戚,E. P. 亚历山大(E. P. Alexander)准将看见了他,惊奇地向他欢呼,并问他在阿波麦托克斯做什么。麦克林火冒三丈:"我见了鬼,才来这儿忙活!这些军队把我在布尔朗生活过的地方撕成了碎片……因此,我卖光了家当跑到这里来,两百多里呀,我希望自己不会再看到一个士兵。现在,你看看四周,连一处栅栏扶手都没有剩下,最后的枪炮也摧毁了我所有的收成,李也在我的房子里投降。"[4]亚历山大向他道歉,但另一方面也批评了这位绅士。

很显然,在当时,没有保险政策来保护麦克林免受战争损害的风险,也没有保险政策来保护麦克林免受搜寻纪念物的士兵们的骚扰的风险。更糟糕的是,战争的结束也结束了他的食糖贸易。这件事情曝光后,麦克林也只好接受了房子

第一章

的现状,他的家人也返回到约克郡。1869年,在一家里奇蒙德银行的拍卖会上,他最后卖掉了这间众所周知的受降屋(surrender house)。

如果不是事后聪明,谁能够猜到战争会在食糖经纪人流动交易的地方结束,这并不令人惊奇。毕竟,李将军的军队需要再补给,这就决定了战争结束的可能,同时也意味着他必须在里奇蒙德周边寻找空旷的军需集散地。因此,虽然麦克林再次遇到北弗吉尼亚军团的风险很低,但是作为供应商的工作却不能排除这种风险。可能对于这种风险,处在其他位置上的人能够更好地权衡。

权衡风险是本书的主题。提高你的风险智慧则是本书的目标。

风险智慧指个人或组织有效权衡风险的能力。它涉及对威胁进行分类、抓住其本质,并计算威胁的等级;还涉及对友谊的觉察、快速地习得、储存和找回丢失的信息、利用相关信息行动、有效交流、对新环境进行适应性调整等等。与金融风险的随机性不同,我们总是能够习得与非金融风险相关的一些东西。但问题的关键是我们是否能够比其他面对相同风险的人掌握更多的知识。

这本书适合于经理人员、企业家、自由职业者、投资者、王室首脑、公务员、行政管理人员和那些面临类似于麦克林选择的政府官员。一个机会值得你去冒风险吗?每一个人都有可能陷入和麦克林一样的困境。那么你或者你的组织能够从风险中习得足够的知识,并从机会中获利吗?

面对风险，改变行为方式

这或许是麦克林的故事所蕴含的更广泛的意义了,他见证了南北战争在他的后院爆发,同时也经历了南北战争在他的客厅里结束。所有这一切更像是一场疯狂的巧合,不过这种巧合似乎说明了这样的一个道理:那些不可预测的和无法掌控的东西或许本身充满了逻辑,是能够被解释,并且可以被驾驭的。其中的诀窍就是你必须能够发现最好的解释线索。

不是我们不愿努力。我们常常对千万条信息条分缕析,以便发现风险的蛛丝马迹。但是,我们越是对解释的线索挖掘得辛苦,风险的拆解似乎越令我们失望。事情的真相是,我们可能没有从一个最佳的角度来理解我们所承担的风险。

危险世界中的恐惧、大胆和风险选择

我们的世界充满了风险,它们似乎随着我们的谨小慎微在扩大,而不是在缩小。经济和政治方面的新闻持续不断地提醒我们,这个世界新的危机正在不断冒出,需要我们更加小心。我们有焦虑情绪,毫不奇怪,而且这些情绪与日俱增。

不安全感隐隐浮现在我们从事业务与经济活动之时。原因既不是因为美国对无赖国家采取的行动,也不是因为富于同情心并主张多元文化的欧洲对狂热分子的处理。我们自身似乎变得更加无能,以至于无法免受气候的影响;我们依靠其他东西对自身的保护正如药物之如病毒,最好的药物在保护我们的同时,也使病毒进化得越来越强大。我们总是处于担惊受怕之中。

在经济复苏期间,我们为工作担心。半个世纪来,两个

第一章

曾经创造奇迹的经济体——德国和日本,它们的经济复苏都依赖于其他国家经济的增长。在美国,我们总是通过负债来对抗房子的通胀价格,好像自己购买了对冲基金一样。但事实上,我们还无法支付孩子的大学教育费用。为了收支相抵,我们日夜忙碌,累弯了腰,把孩子办了全托,结果似乎使孩子更加孤僻又不合群。随着这种焦虑的日益增加,我们的领导——从总统到首相再到获得诺贝尔奖的经济学家,一而再再而三地告诫我们,行为要理智且谨慎。

在充满竞争、你死我活的商业领域,无论怎样,企业都不能心怀畏惧,谨小慎微。相反,大多数组织除了审慎之外,还必须大胆,才能在全球市场竞争中生存下来。然而,在近几年,我们已经见证了无数才华横溢的企业家由于太过于胆大而大败,甚至使公司破产。

我们也见证了整个互联网公司的消亡,航空和电讯行业跌入低谷,美国汽车制造商的信誉不名一文。我们还见证了巴西、印度、南韩和中国这些新兴市场国家由于一夜之间成为投资的目的地,从而成为世界的焦点。在上述的每个例子中,商业和金融领袖都过于大胆地把握机会,却酿成了巨大的损失。但是,很显然,失败的原因并不是他们忽视了风险。

因此,无论是谨小慎微还是胆大妄为都不是令人满意的。无论我们站在什么样的立场,那些出人意料的结果使我们的行为好像在玩骰子一样——得不到确定的答案。

更糟糕的是,我们对身边的这种人们乐此不疲的机会游戏知之越详,参与越多,公司从中所抽取的佣金也就越高。

面对风险,改变行为方式

而当这种形式的赌博习以为常时,我们很难注意到赌场佣金的上涨。当然,我们也看不出公司在风险管理上耗费的时间和使用的技术。

例如,在2000到2002年期间,昆士兰大学的一项研究调查了风险管理条例和董事会的关注对澳大利亚100家最大的公开招股公司的收益的影响。只有有限的证据表明董事会对风险的疏忽影响了企业收益。董事会对风险管理条例的介入抑或是定期的条例检查,对公司的收益也没有显著的影响。[5]

总而言之,我们的风险似乎在大量增加。我们的商业面临着技术和地缘政治的破坏,我们的家族面临着许多安全方面的风险。这些风险或许更多地类似于南北战争时期麦克林所面对的风险,或者类似于生活在二战时期的欧洲人和亚洲人面对的风险,或者类似于生活在中东或者巴尔干国家的人们所面临的风险。风险大量增加并不是由于我们对它采用了谨慎的或者胆大的态度。我们正在成长的那种能力——测度风险、应付风险和把它们报告给董事会,似乎只会使它们变得更复杂。

既然风险大量存在于变得更快、更难以捉摸、竞争更加激烈的市场中,那么我们如何才能保证自己的事业成功?我们如何能够把握谨慎和勇敢的时机?评估我们面临的风险时,我们怎样变得更加聪明?

我们首先可以看看在一个冒险行为中真实的风险大小与事前期望的风险大小之间的差距。但说起来容易,做起来

7

第一章

难。你真的能够在风险行动中分辨出比你之前期望的结果更好的情况吗?你又怎样面对现在的风险比你之前期望的要大?对风险评估,本书建议采用一种更简单的差距方法,那就是,对于一项行动的风险,衡量我们能够习得的程度与他人能够学习的程度之间的差距。

第二种差距是指一个强有力的理念。毕竟,不管我们是小心还是大胆,对于我们目前进行的风险性活动,其他人可能更容易理解。我们经过系统地考虑,选择了一种风险,但面对这种风险,我们可能恰恰不具有某种优势。更好的风险测度技术将加大一个快速学习者的收益,也加大一个缓慢学习者的成本。因此,风险习得技巧的差距能够揭示为什么少数人能够把握住风险中潜藏着的成功机会。

丰田选择了福特早期使用过的零库存的生产技术,说明了它下定决心要消除两者之间的学习差距,特别要消除生产风险方面的学习差距。丰田甚至可能认识到这种技术有一种自然的优势,它超越了对高级劳动力的获取。

消除丰田和东京中心鱼市之间的学习差距

或许我们应该称之为筑地(tsukiji)生产体系。在20世纪80年代,我有幸参观了名古屋附近的丰田五个装配车间中的一个。每个车间,任何时候完成了一次装配,就把看板卡片(kanban)传递到上游的零部件生产车间,那些卡片会促使上游生产更多的配件。正如你所猜的,在车间的地板上,看不到堆积的闲置存货。

面对风险,改变行为方式

当生产线顶端的配件生产车间响应装配车间的卡片触发,分发部分配件时,它就把看板卡片传送到装载码头,并且触发材料需求的订单。许多小型运输工具从码头飞快地出发,装载一批批配件以及来自供应商和附近其他丰田工厂的材料。

导游对发生在生产线底端的这种现象感到有些茫然。这里,成品汽车流水般从车间出来,涌向巨大的停车场。此时,我的感觉是,某个人正在汇总来自全日本的销售信息,并将恰当的看板卡片发送到生产线上。既然丰田每时每刻都在销售不同型号的产品,那么那些卡片肯定就在引导一些车间重新装配不同的产品。

最值得回忆的时刻是,一个车间经理在和导游简短对话后,随机从车间生产线上移走了一些卡片,结果有点难以预料。直到这时,我们中大多数人才注意到了车间上方看起来像小交通灯的东西,它们一直都保持着同一种颜色——绿色。现在,它们中有一些变成了琥珀色或者红色,在经理移走卡片的每一个地方都显得不对劲儿。我想,总是会存在稍微的生产松弛吧,或许总得保留一个额外的配件装置——时刻准备为任何一个出现问题的车间启动生产,但是移走几个卡片并没有显露出生产上的任何松弛。正如我们所观察到的,那位经理重新安排了生产线上的工作,派工人到红色和琥珀色亮起的上下游去了。

参观结束后,我们一群人围坐在会议桌旁,陷入了短暂的沉默。毫不奇怪,从应用经济学的程度和战略咨询的角度

9

第一章

来看,我有点惊呆了。在我们这群人中,还有几位国会议员,他们已经多次见识过美国最好的生产技术了,但他们和我一样,还是很惊讶。丰田似乎把制造业引入了一个新的水平。

现在回过头来一想,丰田所带入的一个新水平其实是一种能力,一种持续不断地学习生产体系中新生风险及其演化的能力。一代美国经理人总是惊讶于丰田存货多么地少,以及存货所占的资本成本多么地小,但他们恰恰忘记了的是,在丰田,非常低的存货量仅仅是通向巨大成功的方式之一。这样的生产方式有助于暴露企业面临的风险——工人精疲力竭,机械严重磨损,或者新汽车的配置太复杂。在这些风险影响真正威胁到企业之前,风险就会暴露出来。消除在营运风险上的习得差距正是丰田生产线的全部。

但正是这种技巧使丰田和其他汽车公司之间存在差距。也就是指学习速度上的差距,它主要表现在面临用户需求所导致的工程变化上的学习速度很快。如果汽车购买者喜欢一种车型,而这种车型又难以制造,丰田的生产线会自下而上进行调整,与装配其他车型保持一致。而在其他生产体系中,却很难抵制由于生产难度提高而导致的提价的诱惑。

在这里,美国汽车制造商或许已经误读了这一课。这一课似乎是要求企业追随顾客的需求。毕竟,是实时消费者偏好驱动了零库存生产体系。丰田生产线的常态应变使它保持了足够的生产灵活性以应对消费者意外的口味改变。如果只注意现行的变化,你又怎么能保证你已经为意料之外的变化做好了准备呢?学习速度方面的这种新的差距是非常

面对风险，改变行为方式

微妙的。它不是简单地指对顾客口味变化的反应速度，更进一步看，它要为可能发生变化的一切做好准备。

例如，丰田的美国市场战略与它的美国竞争者存在明显的区别。美国消费者似乎偏爱大车，美国的汽车生产商也追随着这种市场需求。每一个人都知道，消费者口味是会改变的——对大车的需求说明了汽油价格低、税收减免以及持续不断的价格折扣。只有丰田，它不断提高轻便、小巧和油耗低轿车的复合生产技术，最终将零库存生产转变成了即时物流生产。

2005年，油价开始飙升，人们认识到消费者的偏好会马上改变。问题的差别是，丰田已经花了10年的时间开发节油引擎，并且能够确保生产线有效解决新的问题；通用汽车迎头赶上恐怕需要很多年。通用在工程学习风险方面的能力和丰田存在着差距。

在参观丰田工厂的几天之后，我模模糊糊意识到我抓住一点什么东西，但却难以清晰地表达出来。记得在旅程之初，我每天5点钟起床，然后去参观东京的中心鱼市，一个令人尊敬的筑地市场（tsukiji market）。那是一个巨大的、丰富多彩的、充满活力的市场，那里的早餐也很棒。你马上就会明白它是世界上最大的鲜鱼交易市场。一眼望去，四面八方都是数不清货摊，装着来自世界各地的各种鱼类，以及你难以想象的带着感应器的东西。

正是这一点会令你印象深刻。你置身于最集中的鱼类展示器之中，但你根本闻不到鱼的气味。这地方不仅干净，

第一章

而且任何东西都是即时的。货摊上没有鱼的存货,仅仅只有几个盘子上有几个样品。每一样东西都是及时传到,但这种方式的出现并不是因为亨利·福特(Henry Ford)和埃德·戴明(Ed Deming)曾经这样描写过。从19世纪人们称呼东京为Edo以来,它一直被叫做零库存。

如果你要买一些无骨的纯鱼片,有人会把一个空托盘放到鱼摊后面的通道上。然后,一个很小的电动摩托车循路而来,取走我们称之为看板的空盘子。它会开到附近的码头,那里才是真正的码头。

或许,筑地市场仅仅被最优化成能够把尽可能新鲜的鱼配送到世界各地那些吹毛求疵的鱼类美食家手中,抑或是痴迷于市场的那些餐馆所有者手中。东京饮食也是以海鲜闻名的,每周人们如潮水般地涌到那些用餐的街区,寻找不同口味的海鲜。你会认为,对于筑地市场那些专业化太强的小摊来说,这个市场太具变化——风险太大。但是,现在,有这样的一个系统,它可以让你像消费者一样来安排存货,给予你最大可能的操作弹性。随着早晨的来临,筑地每天都在了解和学习世界上最大和最富有的城市想吃些什么东西。

大野耐一(Taiichi Ohno)可能是看板系统之父[6],尽管福特在T型轿车的生产中使用过该技术。但是,大野耐一很显然借鉴了筑地的经验。大野耐一1930年从名古屋高级技术学校毕业时,筑地市场已经重建了顶棚,改变了原来的鱼摊。现在,丰田系统已经超越了筑地市场能够满足用户流水线反应时间的优势,在满足消费者可能变化的需求上,它提高了

面对风险,改变行为方式

丰田学习潜在的生产上出现风险的能力。很明显,它的成功仍然来自于筑地市场的经验。

这就涉及本书的一个关键问题。当丰田喜一郎(Kiichiro Toyoda)在1936年劝说他的父亲将家庭制造业从织布领域转向汽车时,他或许已经模模糊糊地感知到,如果能够快速学习经验,那么不同领域风险的处理,对于企业来说,本身是相互关联的——而这种东西植根于日本大城市的核心分配体系之中。[7]我们也能够从中学到东西。

本书提出了一种切实可行的方法来思考学习风险的差距,并采取行动消除它。对于任何一个人,如果他的工作涉及了显著的绩效责任或风险目标,那么消除习得上的差距就成了他取胜的关键。这本书是为管理通才而写的。但是,即使是负责管理风险的专家,也能够发现,第二章的那些与收益相关的一些基本的风险概念,也充满了新意;因为,它挑战了传统的智慧。对于风险,它给出了的一个新的框架,那就是:在真实世界的商业竞争中,我们每天都在与风险打交道。

风险不可能普遍地增加。但是,当我们的选择很糟糕时,我们就会被推到风险的边缘。这点很重要,因此我们所定义的风险范围覆盖了整本书。

风险之舟

风险是指损失的可能性或者不可能性——或者获益或者领先。它不同于我们对一项决策或行动的期望。这里的

第一章

风险指的是导致我们的工作或个人生活出现问题的东西。例如,我们不能花费太多的时间在我们生活的乡镇寻找一家旅馆。

但是本书确确实实强调了最大范围的问题性风险。例如,它适用于各种各样的商业性风险,见表1-1。

表1-1 商业风险的类型

生产,或供给方面的风险	市场或需求方面的风险
●营运风险:	●安全或政治风险:
——控制与服从失败	——市场混乱事件
——合作协调失败	——地缘政治的多变性
●供应链风险:	●终端市场,或客户风险:
——供应商破产或政治敌对	——品牌或声誉受到侵蚀
——关键成本挥发	——消费者分散
●技术风险:	●竞争风险:
——基础设施崩溃	——技术断裂
——信息安全遭到破坏	——新的市场进入者
●劳动力风险:	●管制或法律风险:
——生产能力受损或遭到破坏	——立法和诉讼
——核心员工流失或背叛	——公务员腐败
●资产风险:	●金融和经济风险:
——受到欺诈或盗窃	——金融市场流动性
——对应信贷损失	——经济衰退

列表中的内容有点难以理解。它包括所有我们提出的关于接受或评估的风险,这里我们称之为需求方面的风险;同时也包括我们提出的围绕生产方面的风险,也称之为供给

面对风险，改变行为方式

方面的风险。

本书的范围已经超越商业的范畴。那些管理办公室的经验通常可以拓展到家庭管理方面，甚至是安全任务方面。只要存在学习上的差距，它都可以运用。看来，是我们澄清学习差距这个概念的时候了。

学习差距和风险智慧的定义

风险的核心问题之一是，我们是否可以通过学习更多的东西来减少风险？我们能减少多大的风险？学习风险涉及两个方面：一方面，它涉及问题解决的方式或者问题背后的动因；另一方面，它需要一种经验，一种能够知道哪些解决方案可能是正确的，哪些方案可能是错误的经验，或者说，我们需要更多选择的经验。

风险智慧是一种经验——全部的经验，过去的和将来的，能够帮助我们对风险加以理解。因此，我使用了这样的一个术语，它是学习风险两个组成部分的第二部分。

第一，问题的解决方式是至关重要的。我们能解释为什么风险对我们的计划有威胁吗？这些解释从何而来？它们只是猜测吗？如果是这样的话，我们如何评价猜测的准确性？[8]不过，本书的焦点主要集中在什么样的经验最能够解释自身的选择。

这样做的原因是，我们的想象有时会限制我们的推测、模型、假设，甚至是我们所提出的解释风险的大胆的猜测。当然，我们如何安排我们的工作来使人们发挥想象力，让他

第一章

们对这些公共问题的解决方案提出自己的见解是非常重要的。本书当前的问题是,理解我们现在或者未来可能的经验对学习风险的局限。这些局限并不是通过解放思想所能克服的。

因此,如果我们把稀缺的时间配置到某些问题或者任务上,我们就能更好地理解当前的或者将来可能的经验可以帮助我们解决问题。有选择就会产生风险。我们自然地想运用自身的经验真正地把握风险背后的本质。

当然,说起来容易做起来难。关于风险的那些陈旧的说法常常诱导我们采取有风险的行动,而这种风险,我们可能并不擅长学习。但是,有四个风险智力原则能够帮助我们破解它们的神秘。

四个风险智慧原则以及对不切实际的风险观点的驳斥

风险智力的四个原则拒绝那些没有事实根据的观点;这些观点会妨碍我们避免风险以获得成功。那些不切实际的观点通常具有相当的吸引力,人们很难抵制它的诱惑。为了强化你的记忆,规则的第一条会详细地说明风险。

本书每一个独立的章节会解释如何实施其中的每一个原则:第二章给出了第一个原则的指导方针。第三、四、五章为接下来的其他原则提供了实际可用的工具,这些工具证明了一个简单的道理,即确实有一些实际可用的方法可供我们思考,我们需要学习一些东西,了解他们如何影响我们所承

面对风险，改变行为方式

担的风险。其余部分概括地说明了那些不切实际的观点、对这些观点进行驳斥的风险智慧原则，以及运用原则的方法。

不切实际的观点一：所有的风险都是随机的

这个观点听起来有道理，但它却是错的。在大多数的风险中，不确定性的根源在于，我们没有搞清楚是什么决定了这些风险。例如，抛硬币似乎是随机的。但是，毫无疑问，如果对某一个特定的硬币进行抛掷，同时具有足够的信息，我们仍然能够预测它落地的结果如何。由于我们通常对抛掷的信息掌握得不够，因此结果的不确定性就出现了。

随机风险，无论怎么说，都应该是不确定的，那就意味着，任何知识都不能减少它的不确定性。例如，大多数分析家认为证券市场的价格运动是随机的。因此，从某种意义上来说，对随机风险没有什么可以了解的。

但是，如果对随机风险没有什么可以了解的，为什么非随机风险又是如此难以驾驭？问题就在于，和随机风险一样，我们对它知之有限。

我们不理解它们的一个原因是，我们通常从银行经历的风险中吸取教训。银行管理金融风险的历史很悠久，这一时间比肯·阿罗（Ken Arrow）在20世纪中期关于完全竞争市场的学术论文还要早。但是，金融风险大多数都是随机的。既然非随机的风险所提出的挑战远远不同于随机风险，那么金融风险管理的观点就会是一种危险的误导。例如，它忽视了在判断风险上的竞争性差别。

第一章

上述情况同时也指出了我们不理解非随机风险的另一个原因。对于非随机性风险,每一个风险承担者都是从不同的角度来了解风险背后的动因。因此,对非随机风险,一些风险承担者比另一些风险承担者能够更多地减少其中的不确定性。如果环境是竞争性的,这会影响风险带来的经济收益。它甚至可能产生"领先者占有全部"的市场机会。

第二章定义了非随机风险、可学习的风险,并提出了风险智慧第一原则。

原则1:识别哪些风险是可习得的。

不切实际的观点二:既然风险趋于平均,那么很少能有持续的赢家和输家

如果这种观点是正确的话,我们就会被它搞糊涂。本书的一个主要的观点就是,无论怎样,非随机的、可学习到的风险确实能够产生永远的赢家和输家。我们从来不能指望建立一个经验或者信息基础,从而能保证我们能够熟练地掌握每一种风险。但是,我们不排除,总会有一些风险,我们能对其更精通一些。

我们很难同意这种没有根据的观点。这意味着风险是没有根据的。没有人能够确保风险所带来的结果。不过,明智的选择会引导我们面对我们擅长评估的风险,而错误的选择则会把我们引导到我们特长的对立面。因此,我们必须审慎地选择。

面对风险，改变行为方式

既然我们可以精通某些风险的评估，我们为什么不能精通所有的或者大多数的风险评估呢？很显然，一些经验和信息具有内在的价值——它们能够被运用到大多数的风险问题中。毕竟，我们都拥有经验，这些经验只是基础性的；我们也拥有另一些经验，那些经验是独特的，根植于我们的记忆中，我们通过想象可以将这些经验反复运用到不同的生活场景中。

但是，我们往往忽视了相关性。对于我们设法解决的风险问题，我们必须搞清楚当前的经验和未来可能的经验之间存在着怎样的关联。这不仅取决于经验，而且取决于我们想要解决的问题。

有时候，一段强烈的印象可能是没有关联的。假设你经历了好几次市区大桥可怕的堵车经历，你想通过改变上下班的方式来避免出现这种情况。你觉得无论你对交通方式作出多大改变，堵车的可能性总是会出现。如此几次，这种可能性就在你当前的经验和未来可能的经验之间建立起一种联系。假设现在你改变了工作时间，现在不同的路段都是通畅的，大桥不再出现堵车的情况。因此，你可能发现，你堵车的经验不再与你现在的选择相关。事实上，新的选择改变了旧信息之间的相关性。

我们的经验把我们置于什么样的学习风险的位置呢？对它的测度必须权衡两个因素。这两个因素分别是风险经验的相关性，以及风险的不可能性或者说独特性。第三章为我们面对的每一个风险提出了风险智力评分。通过这种方

第一章

法,我们可以选出风险得以有效评估的项目,并成功地管理它。

如果每一个人用风险智慧评分来选择项目,那么关于赢家和输家的不切实际的观点会发生什么变化呢?如果项目风险的成功管理取决于经验的相关性,那么,在新的竞争平台上,风险会水涨船高。毕竟,每一个新的项目,计划或者业务都提高了风险的可能性,而新的经验与这种风险可能是最为相关的。一些人会发现,他们最重要的经验与新风险无关;而另一些人会发现他们会很容易忽视经验的相关性。因此,每一种风险在那些最重要和最不重要的可以习得的经验之间可以建立起新的联系。

因此,本书是一本很少见的商业建议方面的书。如果你遵守其中的原则,这些建议将会实实在在地发挥作用。如果你使用风险智力评分的方法去调查风险,你的经验会使你对风险理解得更为透彻,从而使存在风险的每一个项目的生产率提高。如果业务组合能够全面降低项目风险,结果将不会令人失望。

为了实施第二个原则,第三章提供了一种方法来测度我们习得非随机风险的能力。

原则 2:识别哪些风险可以最快地习得。

不切实际的观点三:风险演化没有固定模式

本书认为,非随机风险,就像创新、爱好、技术、罗曼史、项目、课外活动和产品一样,有一个自然的生命周期。这对我们选择风险项目和行为具有重大的影响。它提出了风险生命周期所隐含的挑战这样一个问题。

第四章认为有两种力量会影响项目风险:第一种是,与风险相关的风险承担者不断演进的风险智慧;另一种是,某种风险在多大程度上分散了其他风险。正是这两种力量使风险生命周期显现出明显的阶段性。

考虑到在某些高级业务活动中的主要风险,我们必须设法提高我们的风险智慧。如果确实有效,这就会使我们对风险了解得更清楚。随着对整个风险影响的不断增加,有一些风险,在最初会分散总体风险,但到最后却会最终占据主导地位,从而增加总体风险。

这就意味着成功总是将我们暴露在竞争面前。像技术断裂这样的打击并不会威胁企业把握成功的主动权。任何时候我们在某个项目中的成功,都会增加我们暴露在风险面前的机会。它会吸引新进入者进行小规模的尝试。如果这种尝试足够小的话,这并不会增加新进入者的总体风险。从投资者的角度来看,这种尝试是没有风险的。新进入者能够比我们以更低的成本进行融资。

这就把我们带入了风险生命周期的第三阶段。在某种意义上,新进入者扰乱了市场,减少了项目的吸引力。如果这样的话,我们会停止在已知能力上的投资,从而无法与项目风险保持同步。这些风险会自然而然地完成生命周期的高潮演化:多元化风险下降,风险智慧也在降低。即使没有

第一章

人用新的发明或者技术来打断这一进程,这种模式也不会改变。

IBM的大型计算机业务就是一个经典的例子。在初始时期,IBM充分理解了大型计算机技术和客户的使用需求,以及这方面的市场风险。随着IBM业务的不断增长,到后来,人们可以根据大型计算机的风险来识别IBM公司本身的风险。

这时,其他技术公司开始涉足计算机行业。由于他们的业务与其他公司的业务不同,只要他们维持小规模尝试,他们就有能力超越其他公司的脚步。太阳微系统公司(Sun)持续不断地在服务器领域开拓自己的位置。思科公司(Cisco)在网络基础设施领域最终居于主导地位。

除此之外,IBM还面临着其他的挑战,特别是个人计算机的兴起和利润向软件业的转移。最终,它在大型计算机方面的优势始终无法抵消大型计算机业务风险的过度侵蚀。风险分散的需要,迫使卢·郭士纳(Lou Gerstner)不得不在大范围的计算机解决方案中重新定位公司的市场角色。

风险生命周期暗藏挑战。当你对生命周期阶段的主要风险进行比较时,你会发现,它们有一种路径。在任何路径中,瓶颈和落差总是会产生问题。例如,你从事的项目太多,就需要你同时进行高密度的风险学习。否则你会被甩开一大步,以至于当你需要新项目时,你没有处于成熟阶段的项目对它进行融资,而你恰恰在这些项目上享有风险智慧的优势。

第四章揭示了主要风险处于生命周期的什么阶段。我们后面会通过风险路径的图片来展示这一主题。风险路径阐释了你在什么阶段从事了太多的风险项目,这些风险如何挑战你的学习能力;同时,它还告诉我们你在什么阶段必须掌握新的风险技巧,以保持自身的竞争力。风险策略审计提供了一条切实可行的方法来实施第三条风险智力规则。

原则3:根据学习的难易程度,对风险项目进行排序。

不切实际的观点四: 不管商业伙伴如何配置风险,他们总是得到一样的结果

大多数的产品需要分销网络。想一想你是在哪儿买的这本书吧。从事某种产品生产的公司可能并不是最适合销售该物品的公司。同样地,一个公司存在风险,可能它并不适合承担这种风险。因此,风险需要分销网络,就像产品需要分销网络一样。

当然,我们并没有通过将风险转嫁到消费者或供给者身上来逃避风险的意思。当我们将风险传递到供应商身上时,这会导致产品的价格上升;当我们把产品和服务的风险转移到消费者头上时,价格会下降。但如果我们将每一样风险分配给最能吸收风险的人,那么我们三者都会从中受益。因此,消费者和供给者创造了一个自然的分销网络来配置每一种主要风险。

这种情形不仅对可习得风险起作用,而且对随机风险也

第一章

起作用,就像股票价格的敏感性一样。与可习得风险不同,随机风险对风险评估的优势和劣势反应不敏感。结果却是,风险网络的合作水平成为面对随机风险时的一种特别重要的优势。

第五章告诉我们搞清楚在风险网络中我们应该扮演什么样的角色。这一章设计了一个工具,名叫风险角色矩阵。它可以使我们概略地了解每一个角色,而风险的压力迫使我们不得不扮演其中之一。通过展示那些趋同的风险角色,这样的一个矩阵可以帮助我们决定哪些风险项目值得我们从事。

风险角色矩阵也使风险生态(risk ecology)这个名词变得真实可信。在每一个商业项目中,消费者,供应商和竞争者联合构成了风险生态。在一个更大的目标市场中管理风险时,我们必须搞清楚消费者反馈的信息和对消费者的引导是一种怎样的关系。风险生态把这个问题直接摆放在我们面前。例如,某个人,他能够在曼哈顿市场投放一个大胆的印刷广告,但是在安静的中西部城镇,他可能难以找到一个合适的代理商。因为,城市的信息反馈方式塑造了城市广告风格,而这种风格可能不适合其他地方,如辛辛那提。

这一章扩展了风险智慧的范围,从我们自身的风险智慧拓展到了网络的风险智慧。它用一个模型描绘了这个想象出来的角色;我们的主动性也呼唤我们、消费者和供应商来扮演这个角色。角色矩阵更进一步地发展了风险智慧的规则:

原则 4：通过网络伙伴来管理风险。

风险智慧和核心竞争力

像类似的名词情商（emotional intelligence）一样，风险智慧并不是指天生的才能或者头脑聪明[9]。它更像市场智慧（market intelligence），甚或安全智慧（security intelligence）的一种变异。不过，这不是一件坏事情。我们通过无时无刻地观察、探索和学习，总是能够提高自己的某种智慧。

风险智慧也不局限于个体。它包括所有经验和信息资源，我们可以利用这种资源找到风险问题的解决办法。资源毫无疑问具有社会性。你甚至可能会说风险本身会折射出它自身的商业或社会背景；正是这种背景，使一些资源比另一些资源更有价值。

风险智慧因而有点像一个人、一个团队或者一个组织的核心竞争力。总的来说，它比经验和信息更狭窄一些。但是，它又比任何特定的实际技巧要宽泛。任何有助于决定风险动因演化的集体经验都构成了风险智慧。

有三个理由可以质疑与生俱来的风险才能的运用性。第一，风险智慧相关性的重要性意味着经验的价值依赖于我们所要解决的问题。关于这点，没有一个统一的答案。因此，每一个新问题相当于给经验创造了一个机会，这与最好的教育所能包含的内容大为不同。风险问题似乎是开放式的。

第二，我们的经验是与方案的选择相关的，何况我们是

第一章

针对风险问题设计的方案。如果我们采取新的解决方案,那么在对风险进行评估时,新的经验就变得更加重要。正是由于这个原因,即使问题不变,经验的价值也会改变。所以,风险解决方案也是开放式的。

最后,风险智慧的真正含义可能正是核心竞争力的本质。这点是机构在风险管理中需要识别的东西。竞争力牵涉到管理判断(managerial judgment),管理判断和竞争力一样,它们已被证明是相互间有关联的。事实上,真正处理风险时,可能没有天赋才能之类的东西。

这就是为什么情报局会开辟各种各样,有时甚至是怪异的信息来源的原因。在伊拉克战争之前,关于萨达姆·侯赛因的武器系统的真实情况,中央情报局充满矛盾的观点和模棱两可的白宫发言形成了对比。情报官员频繁地提醒记者,萨达姆可能假装他拥有大规模杀伤性武器以便防止敌意邻国的入侵。但是有关考虑从来没能引起行政管理部门的注意。

情报部分的这种表面上的混乱给那些妄图抓住全球经济增长机会的企业上了很好的一课。全球化趋势逼迫它们必须面对日益增长的多样化风险。风险智慧更像是一条通往经验宝库的路径,而不是一种可定义的智力;这个概念本身就能把胜利者和失败者区分开来。

更好的信息技术使我们发现风险成倍地增加了,即使这样,我们也有足够的理由保持乐观。好消息是在处理风险时,我们不必识别隐藏的聪明才智。但是,什么样的习得经验能够有效地帮助我们处理不断演化的风险呢？答案是，我们必须保持开放的思想。

或许我们不应该对这个结论感到惊奇。风险故事很少像它们糟糕的开头一样糟糕地结束。例如，带有传奇色彩的历史学家总是喜欢讲述威尔莫·麦克林极度贫困的故事。这真是说到点上了。威尔莫·麦克林放弃了在布朗河的农场，回到了亚利桑那为美国国内税局和美国海关局工作，一直到1880年。或许是联邦将他的风险社会化了。

第二章　作商业决策时区分可习得风险与随机风险

似乎没有人问过风险是否是随机的,你注意到这个问题了吗?风险的随机性是否会影响我们的生活和工作?毕竟,风险的两个不确定性根源是很明确的。真正随机的东西随时都在发生。否则,就是它太难,以至于我们无法习得。

这一章描述了非随机风险——我们称之为可习得的风险,和随机风险之间的区别。这一区别对于理解风险评估技巧什么时候影响评估结果具有非常重要的作用。在这样做时,我们首先要回到风险管理的基本架构,但我们的重点是从比较与竞争两个维度来说明风险评估。这对该领域的专家来说,是一件有意思的事情;同样,对于那些设法在不确定情况下,努力作出更佳决策的通才来说,也是一件有意义的事。

一个具体的例子就可以说明我们对随机风险和非随机

第二章

风险之间差别的忽视是多么地习以为常。我的一个朋友,他是美国一家设备制造部门的主管会计。他说,一天,公司新的风险官员宣布了一项"企业风险倡议"。该倡议除了关注是否可以对风险进行预测外,几乎问遍了关于企业风险的方方面面。

在宣布风险倡议的同时,一个表示紧急情况的粉红色信封发了下来,里面装有一个表格。在表格中,风险被分为三类,要求每个人把自己的认为紧急的那一项勾出来。第一类,市场风险——包括利率或汇率风险,我朋友说,它们没有哪一项能够严重影响他所在的部门。第二类,信用风险——因为他的一个批发商财务比较脆弱,所以他勾出了这个。第三类,商业风险——这一项似乎包含了所有其他的风险。

接下来是,要求每个人估计本部门最频繁或最重大的风险所导致的最具代表性和最大的损失。紧接着又要估计最糟糕的风险之间的市场关联性。表中没有一处询问经理人员对风险是如何理解的,也没有询问这些风险是否是纯粹随机的,或者是否它们难以预测。

"荒谬",我朋友给出了这样的判决。询问风险之间的市场相关度就好像询问这些风险彼此之间是否能相互抵消一样。而随后,就没有经理们的事了。为什么企业宁愿让经理们闲待着,也不愿意询问他们对风险是如何理解的呢?事实上,一个对商业环境感到困惑的经理,在市场关联风险导致损失的任何时刻,都会忽视本部门独特的风险,从而名副其实地恶化这种相关度。

最后，我的这位朋友坐在调查表前，直到营销部的一个同事想方设法地处理掉它们。这项工作持续了一个星期。

问题的关键不是企业忘记了询问每个部门风险的可能性。实事求是地说，通过询问最糟糕事件所造成的损失，它挖掘了很多信息。因此，问题的关键是它没有问及哪些风险会影响进一步的分析；而很显然，这些风险在任何情况下都是无法预测的。

当然，如果风险管理官员曾经问过哪些风险是随机的，哪些不是随机的，那就很令人惊奇了。这种不算特别的疏忽反映了风险管理最近的一段情况。自从 1952 年马科威茨（Markowitz）论述如何在股票资产组合上进行风险投资的多样性以来，风险管理作为金融专业的一个领域，没有对上述的特性给予应有的关注。[1]

对于银行和投资者来说，信用风险之外起作用的所有风险都是随机的。这是因为，从历史的角度来看，所有的风险都与金融机构相关联，在所谓的完全竞争的市场中，与价格变量相关。在完全竞争的市场里，价格反映了所有相关的公开的可获得的信息。股票市场指数、一年期利率和欧元汇率就是典型的例子。既然完全竞争的市场整合了所有可以获得的信息，那么我们就无法预测它未来的变化。因此，市场价格驱动的风险是真正随机的。

风险管理对于其他经济活动同样重要，但是与大多数金融风险不一样，这些风险绝不是随机的。销售预测就是一个臭名昭著的例子。如果一家铺设花园草坪的企业，根据获得

第二章

的除虫剂的信息,就直接预测它能够销售多少新产品,那么这种预测本身就充满了风险。但是,如果我们对潜在的客户有足够的了解,我们就可以消除这种不确定性。这时仍然有商业风险,但是它后面的不确定性不是随机的。

如果要好好地管理那些潜藏在大多数现代商业活动中的风险,我们必须将可习得风险与随机风险区分开来。因此,鲜明地表达风险智慧的第一原则是很重要的。

原则1:识别哪些风险是可习得的。

为了说明这种区分的重要性,我们对这个术语的定义应该更加小心仔细。

关于习得的定义

根据本书的意思,可习得的风险是指那些如果我们有时间和精力去学习就能减少不确定性的风险。与此相对应,随机风险就是那些即使能够分析动因也无法减少不确定性的风险。对于随机风险来说,真正随机的是动因。

起初,所有的风险似乎都是随机的。毕竟,它们都是不确定性的反映。但是,不确定性与随机过程是有差别的。知识的局限性本身也可以增加不确定性。当这种局限性能够发生作用时,作为结果的风险就说明是可习得的。

例如,汇率风险很大程度上似乎是随机的。如果一个人可以预测它的变化方向,那么他就可以从外汇交易中牟取暴利,但是没有人做到这一点。因为,市场价格对新信息的反应非常快。从这个意义上来看,它是随机的。

当我写到这里时,在欧美外汇市场上,我已经输掉了很多。对于我来说,这只是一个小小的赌博。但是,对于一家出售零售包装物品,如橄榄油、意大利方便面食或者坚果的公司来说,汇率的下跌,就意味着存在很大的风险。比方说,企业设在美国的工厂,把杏仁销售到欧洲,可能无法获取正常利润。外汇风险的这种随机性意味着没有人可以预测要出口多少杏仁才能获得利润。任何遭遇这种情况的公司都面对着相同的风险。

把汇率风险和暴露在糟糕的天气或者自然灾害面前的风险作一个对比。天气和其他自然风险与市场价格风险一样,也是随机的吗?

2004 年年末,海啸袭击了印度洋沿岸地区,受害人数达 25 万之多。海啸和任何其他自然灾害一样,似乎都是悲剧性地不能预测的。但事实上,自从 1883 年克雷克吐尔岛(Krakatoa,印尼爪哇和苏门答腊之间一火山小岛)火山爆发以来,印度洋一直相对比较安静。然而,自然灾害并不是随机的,它的产生方式与市场运作方式不一样。

差别并不在于何人能够具体地预测海啸,真正的区别是我们至少可以事先对海啸了解一点点。在印度洋海啸一例中,夏威夷的研究人员曾经将来自于海底地震的初始冲击和苏门答腊岛的海岸线破坏联系起来,他们顺理成章地指出,加速越过印度洋的海浪会对斯里兰卡和印度造成损害。可惜,这里的悲剧是,印度洋沿岸国家无动于衷,对于这种警告

第二章

根本没有联合行动的协议。

此外,研究人员在地震爆发之前,已经记录了这一区域的地震活动。虽然,这并不意味着我们能够对即将到来的海啸作出准确的预测,但无论如何,我们或多或少地知道一点。这证明了,潜藏在自然灾害后面的不确定性反映了我们所拥有知识的局限性,而不是无法控制的随机性。这也说明了,如果我们能够以低成本找到一条有效的方法来收集风险动因的相关信息,那么减少事件发生的不确定性至少是可能的。

把随机风险与其他风险区分开来是当务之急。问题的关键是,我们是否能够通过收集更多的信息来减少潜在的不确定性。换一种说法即,真正起作用的是,通过习得,是否能够系统地减小风险不确定性的范围,或者将不确定性转换成确定性。

总之,至少原则上通过学习可以减少不确定性风险,我称之为可习得的风险。那些我们无法通过学习减少不确定性的风险,我称之为随机风险。

银行家所不知道的风险知识

我们可以把上述的这种区别马上运用到工作中。它解释了为什么自1950年以来,银行和投资者对于风险所掌握的经验不能解决非金融风险方面的问题。这里,在每天处理可习得风险时,我们面对着四个方面的挑战。

- 第一,对于可习得风险的大小,两个不同的人可能无法达

作商业决策时区分可习得风险与随机风险

成一致,甚至可以说根本无法达成一致。例如,经历过卡特里娜飓风后,新奥尔良附近小海湾需要重建。生活在密西西比河三角洲地区的建筑承包商,他对重建工作自然风险的估计将与外地的承包商有很大的不同。即使他们一起工作,本地承包商利用自身的经验对工作地点的观察远比外地的承包商仔细得多,这种认知的差距会始终存在。

任何一家银行都估计不出利率变化对一揽子贷款和存款可能的影响,即使利率每年的变化幅度并不大,利率变化是真正随机的。银行所能做的仅仅是记录利率变化对某些特定贷款和存款造成的影响。有时,有些人,如索罗斯,偶尔能够洞察利率的变化方向,但没有人是永远的赢家。就算是索罗斯,他在1998年也亏损了2亿美元。[2]

- 第二,两个不同人可能对可习得风险采取什么样的行动存在认知上的差别。尤其是在对风险的大小无法达成一致的情况下,这种行动的差别更容易表现出来。爬出海湾堤坝一百多码的美洲鳄鱼对当地的承包商来说是司空见惯,但是它会把外地的承包商吓得爬到树上去。

很难想象,对相同种类的贷款和存款,在净利率边际上,一家银行会持续不断地对随机风险进行不同的对冲操作,而另一家银行则截然相反。虽然他们不知道利率将怎样变化,但是他们都熟悉利率变动的历史,因此在控制风险上他们应该具有相同的结论,但事实上却不是。

- 第三,两个不同人对于可习得风险拥有不同的经验,这可

第二章

能导致他们对结果的期望回报不同。这是因为不同的经验会导致对风险的评价不一样,从而采取的管理方式不一样;管理的方式不同,自然而然得到的报酬也就不同了。在前面的例子中,两类承包商对鳄鱼都会采取规避行为,但外地的承包商会耗费更多的努力。时间一长,尽管最后的结果相同,但他的行为就会产生更多的不必要的成本。

所有的金融机构都希望在随机风险和行为报酬之间建立稳定的联系。任何两家银行,如果它们的存款和贷款的种类相同,经过长时间的摸索,他们会从各自的立场得到相同的报酬率。如果利率的随机性引导他们对风险的评估一样,并且这些评估又导致他们采取相同的管理策略,那么我们可以找到他们的行为轨迹。

- 第四,也是最后的一点。习得风险的回报可能还依赖于承担风险的其他人。这是因为风险的其他承担人,在接受由风险行为产生的价格时,会影响价格本身。风险承担者,如果他最有效地评估了风险,他就会不管行为的结果如何,而对这个结果进行市场定价;或者给出一个期望值,而这个期望值,其他人难以预料。因此,根据工作的风险,每一个风险承担者的报价都取决于其他风险承担者对该风险的评判。

海湾重建的例子对上述情况做了一个平常但又准确的说明。想象一下,外地的承包商会花钱在他的人身安全上,而本地承包商认为这没有必要。只要本地承包商的观点是正确的,那么他的报价就会让外地承包商无利可图。

金融机构对随机风险资产的管理,可以不考虑其他的风险承担者。这是因为,根据它的预测,任何机构无法持续拥有定价的优势。因此,一个好的预测结果仅仅依赖于哪些风险是在资产组合之内,而不依赖于谁在承担风险。任何具有相同资产组合的两家银行应该得到相似的结果。

很有意思,也有点惊奇吧。可习得风险似乎违背了一些基本假设——银行会弥补随机风险。因此,成功管理风险的第一原则是将可习得风险与真正的随机风险区分开来。

在转向这一点之前,我们必须把这个定义弄得更加透彻明白。这涉及随机风险的唯一特点。特别地,我们必须澄清一点,即风险的随机性对我们了解其动因形成了阻碍。但它并不必然地阻碍我们对它的管理。例如,对于利率,两家不同的银行可能对同样的随机风险作出相同的评估。他们对风险的管理,依赖于它们的评估的程度,决定了他们管理的相似程度。但是,一般来说,他们仍然可以采用不同的管理方式。

上述情况不适合于可习得风险。人们对风险的评价不同,管理的方式也千差万别。

因此,可习得风险和随机风险的根本差别不在于怎样管理它们。对每一种风险的管理,总有一些可以习得的东西。我们能够增加了解风险的次数,训练人们识别错误的信号,甚至控制暴露在风险面前的机会。因而,一种特别的风险是

第二章

否是可习得或者随机的,这与我们管理它的能力没有关系。

对可习得的风险和随机风险的区分在于一种感知,涉及对风险动因的把握。掌握控制风险固然重要,但这并不能揭示它们之间的区别。我们能够区分它们,在于我们明了可习得风险的动因及其他的不确定性程度。我们不再称呼风险是可习得的,是因为我们自认为能够有效地控制或管理习得风险,而那并不是辨别习得风险的全部。

"银行风险承担、产出曲线与货币无效"中的内容揭示了利率市场中储蓄者、银行和借款者三者之间的关系。文章显示,非随机的可习得风险可以像利率可变性这种随机风险一样强烈影响经济的产出。它提供了一种思想的框架,在这个框架中,我们可以看出,当储蓄者属于风险规避类型时,在形成市场利率的过程中,银行信贷扮演一个什么样的角色。在给定银行信贷占现代信贷市场一个相对较小的份额时,它得出的结果令人惊奇。

接下来,事情的主要顺序是:为什么优秀的风险评估对可习得风险来说是如此的重要。想继续钻研的读者可以跳过下面框中的文字,这样不会迷失问题的主线。

在跳过后文之前你必须了解的内容

我们只有评估风险才能知晓风险控制的难度。评估风险也就是测度风险所能造成的损失。对于可习得风险,好坏之间的差别随着人们对所知优势条件和利用程度而扩大。

有疑问的读者会说:"瞧,戴维,我能明白为什么你把注

作商业决策时区分可习得风险与随机风险

意力集中在我们能够管理得更好的风险上。你区分了可习得风险和随机风险,把那些我们能作出更好评估的风险找了出来。如果我们不这样做,不对风险管理作出优先次序的排列,那我们为什么要分类风险呢?"

答案是,在我们开始管理风险之前,我们必须确定哪些风险容易对付。例如,一个药品企业每次审查一种新药的开发时,管理人员必须明了他们想要承担的风险。这相当于在问这样的一个问题:这些风险是否由随机因素导致,或者由企业所不知悉的未来需求和商业环境导致?

读者或许还有更多的疑问:什么原因导致了风险的出现?它们为什么起作用?我们能否确定,起作用的因素是可控制的呢?

假设上述例子中的药品公司,在开发一种镇静剂和一种疟疾药品,它对这两种产品的风险管理具有相同程度的了解。但问题是,即使公司能够同样有效地管理这两种风险,这两种风险的本质是否会有差别呢。让我们进一步拓展这个例子,看看另一种情况。在同时面对两种风险时,我们通常会选择一种而规避另一种,即使我们能够精确将风险控制到同样小的损失水平,我们仍然会这样做。这就是因为,同样的风险也可能造成不同的差别。

有人会说,镇静剂的市场规模是随机的——对于交易者来说,或许是这样;我们认为镇静剂需求依赖于存货市场的上下波动;疟疾药品市场也是不确定的,但可能因为它是一种新药。因而,镇静剂投放市场主要服从于随机风险,而疟

第二章

疾药品则服从于可习得风险。只要你能够把这两种风险处理得同样好，它们为什么会产生差别呢？

产生差别是因为你错误估计了疟疾药品的风险水平，而其他人估计对了，你出现了亏损。由于每个人对存货市场的波动所掌握的信息是一样的，所以对于镇静剂的风险，没有人会估计正确，当然我们不排除有些人碰巧蒙对了。疟疾药品的这种可习得风险，可能会导致不同的评估，这会给具有同样能力的风险管理人员带来差异非常大的结果。

为了搞清楚差异化的评估导致的不同结果，设想一下例子中的药品公司为了防患疟疾药品的风险而进行融资。为了让产品被市场上更多人知晓，公司会通过广告向消费者传播产品信息。这样，药品被感知到的市场投放风险决定了融资的数量。

东施效颦，竞争者也会这样做。如果在治疗剂领域的风险是可以习得的，那么一些竞争者能够更有效地对项目融资。与此不同的是，在镇静剂方面，因为没有人能够洞悉存货市场的走向，竞争者也就没有更有利的条件来准确预测产品投放的数量，从而更有效地定价。

选择会造成风险。我们必须随时保持警惕：是否公司正面临被收购，部门正承担一项新的项目，或者办公室改善了业务流程，或者家庭正考虑购买一套新的炊具。事实上，很难设想一种风险，我们的任何行为都会导致它某一方面的不确定性增加，而它却不会产生任何问题。

说到随机风险，它的答案就没有一定之规了。或许有些

作商业决策时区分可习得风险与随机风险

人异乎寻常地糟糕于计算某一种可习得风险的影响,而另外一些人则非常擅长于此,这些都不重要。不能理解哪些风险是可习得的,不能有效地避免那些我们无法更好习得的风险,这些都会对结果产生重大的影响。

银行风险承担、产出曲线和货币无效

这里提供了一个利率分析的框架,这个框架表明可习得风险和随机风险一样"真实"。它类似于经济学家的"习性偏好"理论(preferred habit)模型,假设人们的期望和当前需要都影响利率。

产出曲线(yield curve),意味着长期利率和短期利率的差别,能够反映储蓄者和银行承担的风险。部分地,这种差别(也称之为产出曲线的陡峭程度)反映了通货膨胀预期。如果人们认为通货膨胀会上升,作为补偿,他们会预期长期利率上升。既然通货膨胀通常是消费和投资上升的一个信号,市场观察者和经济学家会习惯地将陡峭的产出曲线与经济复苏联系起来。

图2-1中的数据,无论怎么看,都很让人迷惑。纵轴表示产出,曲线陡峭(不是绝对的利率水平)横轴表示工业和商业贷款的增长率。直观看起来,数据显得杂乱,没有规律。图上的每一个点反映了按年利率计算的工商业每月贷款的增长率产出;由此,公司在每个月之初就能够看出对BBB级公司长期贷款的利率和3个月期无风险国债利率

第二章

（代表银行必须支付给储蓄者的利率）之间的差别。但是，在你预期这些数据一团糟时，你可能更希望它会向右倾斜。你或许也期望工商业信贷快速增长的区间能够和更陡峭的产出曲线相互匹配。这些曲线反映了经济复苏中的通货膨胀预期。

图 2-1　产出曲线与信贷增长

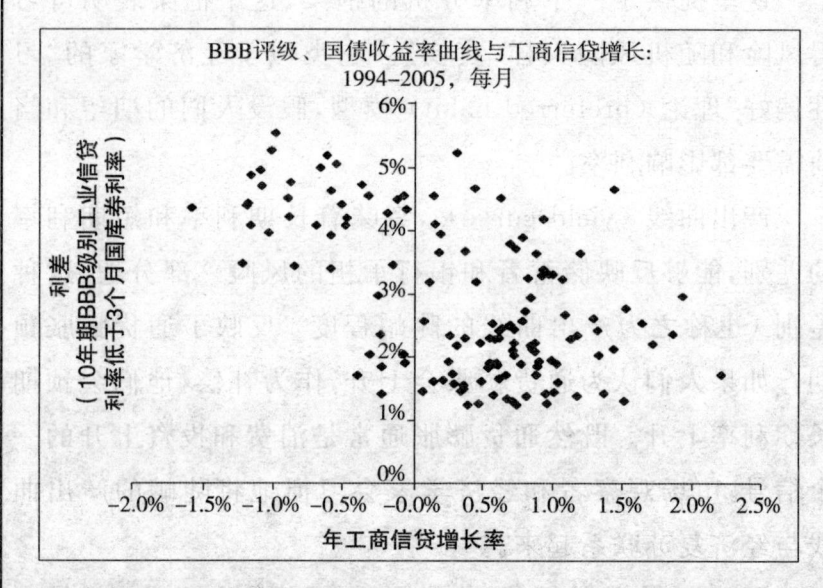

BBB评级、国债收益率曲线与工商信贷增长：1994—2005，每月

纵轴：利差（10年期BBB级别工业信贷利率低于3个月国库券利率）
横轴：年工商信贷增长率

麻烦的是，曲线可能会以一种错误的方式倾斜。也就是，更高的商业贷款增长率与更平坦的产出曲线联系在一起。它们之间没有因果关系的证据，但是你可能想知道这一点。没有明确的模型暗示平缓的产出曲线能够导致经济或者信贷增长。如果有什么区别的话，你应该期望平坦的产出曲线会抑制银行信贷，由银行承担储蓄利率突然上升

带来的风险。作为报酬,银行能够获取净利息收入,如果信贷减少,那么净利息收入就会减少。不过,有一个模型,它暗含着快速的信贷增长会使产出曲线变得更加平坦。

一般来说,储蓄者为了流动性更偏爱短期投资,而商业机构为了稳定性更偏爱发行长期债券。但是,当产出曲线变得更陡峭时——在图2-2中曲线更陡,储蓄者会用长期存款替换短期存款。因此,短期存款储蓄会向下倾斜。同样,债券发行者会替代短期债券。因此,短期债券发行曲线向上倾斜。

图2-2 短期储蓄、短期发行和银行调节

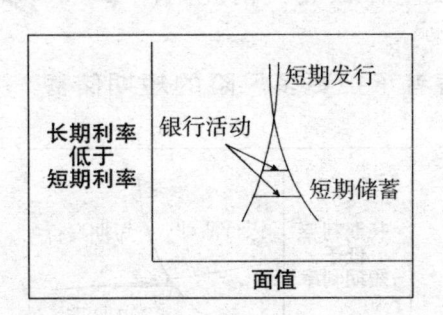

银行会考虑储蓄者偏爱的短期储蓄和商业机构偏爱的长期债券之间的差距。图中那个水平线的宽度反映了银行将多少短期储蓄款投资于长期信贷。线的宽度,反映了银行承担的长期利率和短期利率的差别风险。线的高度,反映了产出曲线的陡峭程度。因此,线越高,银行在最低固定利率贷款上所获取的净收入越多。站在银行的角度,用另一句话来说,线的宽度对应风险,线的高度对应报酬。

第二章

上面阐述意味着银行承担的风险越多——在图中线的宽度——相应的产出曲线越平坦。这一点很有意义。银行愿意承担风险,使储蓄者能够保有更多的短期储蓄,而企业能够拥有更多的长期贷款。这样,各得其所,各获其利。

中央银行的行为可以影响短期储蓄曲线。当央行实施紧缩的货币政策时,曲线会向左移动,将银行的行为线向下挤压。这与高的短期利率和平坦的产出曲线相一致。

如果利率具有吸引力,并且储蓄者更愿意选择长期储蓄时,会发生什么情况呢?当他们愿意从银行"收回"一些风险时,又会发生什么呢?情况附图2-3中的曲线。

图2-3 储蓄者承担更多风险的短期储蓄

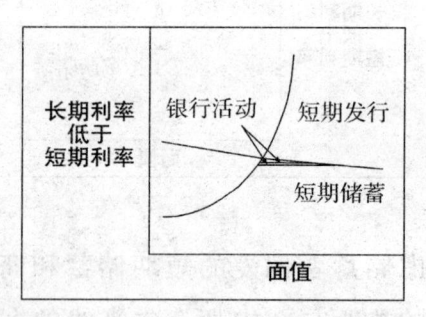

在这种情况下,中央银行对短期储蓄没有多大的影响(当你把短期储蓄曲线左右移动时,它们很大程度上看起来是一样的)。如果中央银行发行货币,降低短期利率,承担风险的储蓄者会将货币快速转移到长期储蓄和股票上来。这样,长期利率和短期利率之间的差别不会变得太大,产出曲线保持稳定。标准的宏观经济理论提出了一些其他的结论,如经济对油价冲击的反应迟钝和对预算与经常项目赤字的敏感性。

相反的,产出曲线的多变性预示着储蓄者承担的风险很小,这在一开始就象征着中央银行的有效性。

在中央银行收紧货币之后(2-4中曲线从1移到2),产出曲线变得平坦,货币政策的效果开始显现出来。正常情况下,平坦的产出曲线会打击银行发放长期贷款的积极性,这一效果一直会持续到长期利率上升,产出曲线变得陡峭为止。图中的曲线将这种情况勾画了出来:长短期利率差距同时缩短和上升(在图2-4中的曲线3)。

图2-4 中央银行的调控效果

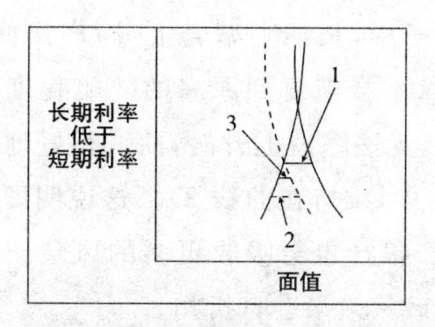

当中央银行有效紧缩货币,产出曲线变得平坦时,银行也有可能不作出响应。如果银行并不在意投资在长期信贷中的短期储蓄带来的利润空间,这种情况会出现。例如,如果信贷有助于获得费用收入,那么在固定利率贷款业务中,拓展收费业务的银行对风险报酬就不是很敏感。

第二章

在2004年到2005年期间,当美联储提高短期利率3.5%时,长期美元利率并没有上升,这一理论很好地解释了该现象。美联储主席格林斯潘在2005年2月,将这种现象称之为谜题;随后,主管官员本·伯南克(Ben Bernanke)将这种情况归咎于全球储蓄供大于求(即使如此,这种供过于求通常伴随着全球经济的下滑);圣·路易斯美国联邦储备委员会主席(St Louis Fed president William Poole)威廉·普尔错误地把它当做一种稳定的预期[3]。不管是何种原因,金融中介都在扩展他们的长期信贷。如果美国银行依赖于新的收费业务,这正是他们所期望的;《格拉姆法案》(Gramm-Leach-Billey)允许银行通过这些业务收费来弥补信贷的利率风险损失,那么这样做是有理由的。

在这个例子中,长期利率会上升;产出曲线,在中央银行银根紧缩时,不会恢复到原来的陡峭程度。在银行行为线被向下挤压,无法缩短上升时,曲线很好地勾画出了这一点(在图2-4中,维持在曲线2)。这说明即使储蓄者没有实行储蓄替代,银行也会吸收更多的风险。它再一次暗示着中央银行的政策效果会打折扣。

储蓄者和银行吸收更多风险的例子显示了非随机风险与随机风险一样的真实。银行,当然应该承担利率风险。储蓄者,无论怎么说,承担了手持现金减少所带来的不方便风险。非流动性风险并没有利率风险的纯粹随机性特点,但是,它对经济有同样真实的效果。

波音、空中客车和可习得风险评估的经济学

在2001年初,波音放弃了开发大型喷气客机的计划,而这一计划是早在3年前就定好了的。这种改变带有戏剧性的色彩,它把公司战略决策当成儿戏一样。事实上,公司的战略决策不仅取决于对风险的评估,而且依赖于风险评估的能力。一些人把这归结于前任CEO菲尔·康迪特(Phil Condit)的任期要结束了的缘故。这自然而然地引出了人们对关于菲尔·康迪特和空中客车总裁诺尔·弗加德(Nöel Forgeard)个性的讨论。

评估风险的能力听起来更像风险决策中的一种投资利害关系,而不是其中的一种要素。不过,它们之间具有相似性。我们必须审慎地选择投资项目,确保不确定的利润值得现在为之付出成本。同样地,我们必须审慎地挑选风险,确保预期有利润。事实上,正在成长起来的信息经济学对风险评估有很大的帮助。它能够比较信息的对称会减少多大的风险,进而引起先期投资成本的缩减量,然后,在此基础上,计算缩减量对风险承担者预期回报的影响。

不过,无论怎样,上述相似是有限的。波音评估可习得风险的能力,会影响它作出承担风险的决定;这和在股票市场投资,承担随机风险具有很大的差异。它更像是你花费大量时间查阅房产信息来证明你的判断是否正确。

例如,设想一下,你列出了许多潜在的房地产项目和其他可以选择的商业项目。你认真审查,然后发现了一系列风

47

第二章

险。如果你明白房地产项目的风险范围,你会调整错误选择的可能性,并挑选出利润最高的项目。你也可以了解地区房地产市场中你的竞争者所拥有的相关知识,是否他们掌握的信息会限制你期望获得的回报。因此,审查风险有助于你选择有吸引力的资产,同时你对风险审查的好坏与否决定了你在房地产市场项目选择中能否处于最有利的位置。空中客车和波音的故事意味着对风险的评估理解与你对风险进行评估一样重要。

波音两年前曾经确认过大型喷气客机的计划,这种突然的放弃很令人惊讶。有三个因素值得注意。第一,让空中客车用A380大型客机占据市场主导地位的利润是巨大的;第二,波音在拥有巨大成本优势的大型客机上都不能赢得竞争,那它又在什么产品上能够赢得竞争呢?第三,康迪特和弗加德是两个竞争非常激烈的对手,似乎注定了他们要进行面对面的竞争。

毫无疑问,这个市场存在巨大的风险。空中客车和波音似乎都默认了,在大型客机——拥有400到500个座位,比747系列更大——的市场上,只能有一个竞争者存在。空中客车在这个细分市场的优势"将把波音这个在商用客机市场占据40多年领导地位的竞争对手驱逐出去。"[4]

波音的成本优势看来是实实在在的。空中客车花费了11.9亿美元开发了A380大型客机。[5]波音开发747版本的大型客机,估计只花费了4亿美元。[6]成本优势并不令人惊奇;令人惊奇的是,波音已经拥有了类似的产品优势,但却退出了这个市场。

康迪特也算是全美商业领袖中的精英了。他做过美国商业圆桌会（Business Roundtable）的主席，领导过管理美国航空航天局的航空航天咨询委员会，担任过西雅图美国童子军首席顾问（Chief Seattle Council of the Boy Scouts of American）。他获得了普林斯顿和伯克利大学的工程学学位，是1968年新747的首席工程师，10年之后，他是757首席项目工程师。他甚至拥有可折叠航空翼的发明专利。[7]他几乎能够与任何人都相处得很好。

根据报道，他甚至与法国国家荣誉勋章、国家获奖者，被封为英帝国勋爵的诺尔·弗加德很谈得来。弗加德毕业于以培育精英出名的里尔大学综合理工学院（Ecole Polytechnique），曾经在法国工业部、交通部和国防部任职。后来，他成为当时的法国总理雅克·希拉克的顾问，负责工业事务。[8]弗加德的职业生涯主要集中在产业政策的制定上。法国贵族式的"产业政策主张"与美国童子军倡导的"知识产权保护"可谓大相径庭。

就在空中客车决定继续它的A380超大型喷气客机项目之后的3个月，波音却取消了它的计划。空中客车感到很迷惑，它并没有认真对待波音公司再度放弃这个庞然大物的声明。欧洲其他公司以为这是波音的一个骗局，但空中客车正确地猜到了其中的原因，那就是，波音不愿意承担这种超大型喷气客机项目的风险。[9]

波音阻止空中客车进入大型喷气客机市场存在两个方

第二章

面的风险。他们表现出在复杂的可习得风险战略上的技巧差别。

首先,波音不能确信空中客车的是否参与竞争。他们不清楚,空中客车是否能够设计良好的大型客机。他们甚至不清楚,如果波音事先进入市场,这将侵蚀A380的利润,这种结果会让空中客车感受到强大的压力。事实上,空中客车复杂的所有权和监管结构使公司对市场的反应不够敏感,他们并不能有效预知波音的行为。

另一方面,由于波音拆用旗舰747的配件[10],空中客车有理由预知波音的股东会对管理人员实行制裁。结果,相比空中客车,波音更加没有能力评估大型客机的市场份额,而这个市场是它本身能够征服的。

第二,波音有理由怀疑空中客车是否理解了航空公司的市场需求发生了变化,以及航空公司会对这种两强相争的牺牲品作出怎样响应。例如,令人惊讶的是,空中客车的所有飞行员座舱设计都与波音公司的相似,似乎是波音的复制品。波音也不清楚美国航空中心的客流压力确实产生了对这种空中"航空母舰"的需要;许多航空公司赞成购买小一些的飞机来开发亚洲市场。

空中客车似乎对亚洲航空公司具有巨大的信心,他们继续向前迈进,在迅速增长的市场上取得了一个接一个的成功。事实上,A380的第一批订单来自澳大利亚Qantas航空公司和新加坡航空公司[11]。就在空中客车宣布这个消息后不久,波音取消了类似的开发计划。

2004年1月15日,《经济学人》杂志刊登了一篇文章,题目是"弗加德,空中客车的波音搅拌器",其中的两句话对这件事作了高度的总结:"菲尔·康迪特被迫于12月辞去波音公司总裁的职位。同时,他的老对手,弗加德,自1988年以来,带领空中客车越来越强。"康迪特是一个受害者,因为至少在那一刻,空中客车在关键风险的评估中,比波音处于更有利的位置。

在估计新市场的份额和测算国际航空市场的新需求时,波音所面对的挑战说明了风险动因所导致的成本模糊性态。在第一个例子中,市场份额的不确定性使它难以估算大型客机项目的预期收益。在第二个例子中,世界航空公司发展需求的不确定性使得它难以预料经验所导致的错误。

每一种可习得风险都会提出两种挑战,是否下一个10年对航空旅行的需求与现在一样。不确定性使公司估算一个项目或者并购,或者流程的改善,或者适应性变迁等等行为带来的预期利润变得更难。他甚至引导我们作出错误的假想:原本期望亏损的项目,我们会以为它将获利。如果我们不能确保收益,我们就不能确保投资多少,甚至是是否值得投资。

这种不确定性在某些情况下,非常糟糕。我们不相信自己的经验会导致错误的结果,我们也不清楚错误允许的空间有多大。这种实际的挑战会有许多种形式。或许我们必须用额外的资本来弥补这种不算最糟的损失,或许我们必须通过额外的花费来进行风险控制,又或者我们必须花费高昂的

第二章

资本来消除投资障碍。在波音公司的例子中,它或许是这三种情况的综合。

我们识别商业风险,必须搞清楚每一种主要风险的范围,以及它可能需要花费的成本。如果我们发现其他人对成本的估计更加准确,我们可以考虑和他们共同规避这种风险。这样做的意义是深远的。我们的风险评估能力就成为一种最关键的技巧,它决定了我们的成功。

估计风险:一种不确定性的不确定测度

风险评估技巧能够决定一个风险项目成功与否,这就是为什么我们必须将可习得风险与随机风险区分开来的原因。根据定义,不同的人和不同的组织拥有不同的信息资产以及评估可习得风险的能力水平。但是,那意味着一些人和组织可以发展出一些评估风险方面的竞争优势。对于随机风险,没有谁拥有这种估计方面的优势,否则它就是可习得风险。

这是一个难以置信的结论。如果你相信它,你就不要相信报酬总是与可习得风险成正比之类的鬼话。毕竟,如果某些人具有评估某些可习得风险方面的优势,并且评估的质量确实带来了不同的商业结果,那么我们就永远不可能在同一个风险项目上获得相等的回报。既然结论令人惊奇,而且结果取决于风险评估,那么我们最好搞清楚当我们评估风险时,真正在测度什么。

买房子的风险可以作为一个比较好的例子来说明这个问题。在不清楚可习得风险和随机风险的不确定性根源时,许多风险类似于购房。由于住房市场是不透明的,列出来的信息也有限,因此,与股价不同,房价不是随机的。在我写作这本书时,美国和几个欧洲国家,住房价格似乎也出现了泡沫,房价不停上涨。住房抵押贷款与随机利率风险相关,这就引出了一个问题,那就是,我们为什么总是设法将时间与抵押贷款市场捆绑在一起。

评估购房风险,只是证券交易者的一个不经意的翻版。证券交易者总是按照他们所处的交易地位,想方设法来搞清楚自己面临的风险。在这两个例子中,最基本的有两步。第一,揭示风险动因。通常称之为风险要素:我们要计算不同风险要素所带来的损益。然后,我们评估风险要素自身结果的可变性。搞清楚两件事情:怎样经受风险要素带来的损益,以及风险要素的变化,可以让我们计算出损益的概率。

例如,在购房的例子中,第一步,要搞清楚房价为什么波动。假设今年住房市场价格下跌2%,我们的房子也随着下跌。我们能明白什么?答案依赖于我们的预期。如果近期走势隐含着我们这个市场的住房价格每年将上涨8%,那么,2%的下跌就意味着10%的失望。我们心中的房价就应该用10%乘以房款。作为结果发生的房价只是一个美元数字,它在我们想定的价格风险要素中,(与我们的预期相比)反映了亏损。我们可以按照自己的意愿,设定无数种住房价格,重复这个实验;如果我们想用图形来描绘,我们甚至可以利用不同的房价来绘图。

第二步,理解风险要素的多变性——也就是,住房市场

第二章

的价格。一个关于房地产经纪人的数据显示,住房价格每年的增长率在一半的时间内下跌,比方说,平均6%,并且在一半时间内会比6%还要多。这样,我们对房价的逾期也会在6%左右,房价6%的下跌就不会是令人惊讶的了。但是,我们必须为房价的下跌做好准备。至少6%的住房成本处于风险之中。如果这方面的数据量足够大的话,我们可以计算出损益的概率。

当我们明了如何承担风险要素的损益,以及风险要素怎样变化时,我们可以将这两步合而为一,我们就可以确定一个自己能够承受的损失限度。例如,根据给定的信息,我们说,在1/3的时间房价下跌低于预期6%之多(它也可以在1/3时间上涨高于预期6%之多)。另外一种表述方式是,在2/3的时间内,价格下跌不会低于预期6%之多。

这仅仅只是估计最大风险损失的一种方式,有时称之为风险估价[12]。例如,如果房子花费10万美元,最大亏损的可接受水平是6 000美元。如果房价下跌允许更为极端的偏离,那么,更高的可接受水平意味着可以承受更高的损失。

总之,明了如何承担风险要素的损益,以及风险要素怎样变化,可以让我们估计一个可以承受的最大限度的损失。这是评估风险损失的一种方法。可以计量的风险不仅仅是这样的风险,在这里,可习得风险和随机风险之间的差别并不起作用(见"工作面试和难以测度的雇用风险")。但是,就像我们在诺基亚案例中见到的一样,人们总是把学习的优势与强烈的自我安慰混淆起来。

工作面试和难以测度的雇用风险

虽然我们无法量化随机风险和可习得的风险,但这并不妨碍二者区别的重要性,这一点在求职面试和雇用中仍然发生作用。在雇主和应聘者的契合、匹配中,面试并非无懈可击。应聘者的风险是很明显的,而雇主也同样有风险。一种是雇用了不合适的人,另一种则是错失了一个隐藏的天才。

假设你面试两个人——唐和戴安娜。虽然唐在面试中表现一般,但他有一个骄人的履历,如果不出大的问题,公司会为唐提供一个职位。戴安娜对问题的回答漫无边际,很显然,面试的过程令戴安娜很紧张。对于工作来说,面试技巧是不必要的。正是因为这个原因,没人想把戴安娜从入选人员名单中划掉。

唐的面试比戴安娜要好一些,但是某种东西让你困惑,直到在回家的路上你才想明白。你意识到你了解唐的一些背景,而其他人对此几乎一无所知。你们二人曾效力于同一家市场调研公司,该公司负责为客户的产品提供一些批判性的观点,以此帮客户重新定位产品。自从你就职于现在的公司后,曾一度苦于无法摆脱以前批判的眼光和视角。你需要努力说服自己要从内心里相信你正在销售的产品。幸运的是,这个问题最终解决了。你担心唐可能没有你那么幸运。

从另一个方面看,从一开始,面试过程就让戴安娜失去

第二章

了信心。实际上,当问到戴安娜会如何推销某一种特定产品时,她的表现好了一些。这是她唯一能表现出镇定的时刻。回想起来,只要问题不涉及到推销自己,她的表现还不错。

你最后决定给戴安娜一个机会而将唐拒之门外,该怎样从可习得风险与随机风险的角度观察这一行为呢?关于唐的解释很简单,因为在决定是否雇用他的过程中有一个可习得风险,而你在评估可习得风险上恰好拥有优势;实际上,其他任何人不可能都能像你这样评价风险。你可能不允许任何无意识的偏好的介入,你会说,自己会像其他人一样仔细地面试每一个人。

戴安娜的情况更复杂一些。似乎是面试过程本身才让她表现得不够好。换言之,正是考察的过程导致了戴安娜面试表现的不稳定。这一点让面试变得无法预测。戴安娜的表现非常类似于随机风险,在面试中你更倾向于雇用戴安娜,或许你会质疑这一点是否正确,但其他人没有理由会有更好的观点。

雇用戴安娜的风险是随机的。这一认识告诉你,没有理由担心其他人会基于更完善的信息而得出不同的结论。事实上,关于戴安娜,不存在什么更完善的信息,至少这些信息不会从面试中获得,这时直觉会告诉你该如何做。

雇用唐的风险是可习得的。由此,引出一个问题:那就是谁将是评判这一风险的最佳人选。在这件事情中,是你。因此,可习得风险与随机风险的区别可以在一定程度上解释为什么你或许有一个好的理由选择面试表现较差的应聘者。

诺基亚、美国国际集团(AIG)和无法平衡的风险

知道了测度风险的方法,在可习得风险领域,我们就可以明白输家和赢家是怎样产生的。掌握了识别可习得风险的方法,可以使我们处在一个有利的位置,或多或少地了解风险动因;而其他人或组织,在面对同样的风险时,就做不到这一点。如果高估或者低估风险损失带来的成本很大,那就说明风险估价这种方法很有作用。

这不同于说我们在风险管理方面比其他人更好或者更差。当然,我们可以做到这一点。管理某类风险的能力只是总体管理技巧集合的一个子集。这种技巧集合将我们置于无数小的优势和劣势环境之中,而这种优势和劣势会随着我们管理经验的改变而改变。

但如果说某些人和组织比其他人或组织,在评估某一类风险上更有优势,这又是另外一回事了。在风险评估上有优势说明你拥有适合管理的信息原材料。甚至你的综合管理经验随着时间而改变时,这种优势会持续存在。即使传统的风险分析认为每个人的收益会达到一个平均水平上,但这种持续的优势仍然会带来高额回报。这样,不管管理技巧如何,永远的赢家和输家就会产生。

例如,芬兰电信公司诺基亚,由于成功处理了2000年的移动电话供应链风险,它赢得了持久的对挪威竞争对手爱立信的竞争优势。2000年3月17日,一场罕见的雷暴袭击了新墨西哥州的阿尔伯克基(Albuquerque)。而一家主要的芯

第二章

片供应工厂菲利浦电子工厂位于这里,它为诺基亚和爱立信供应芯片。菲利浦电子工厂着火,损失了8件硅晶片——足够供应上万部手机。浓烟和洪水摧毁了大部分的芯片存货。面对这种情况,诺基亚从危机中挺了过来,而爱立信则失去了市场。

三天后,诺基亚的突发事件管理系统侦测到供应链的断裂。虽然供应商向配件采购部经理保证,一个星期后恢复供货,但是菲利浦公司拒绝让来访者参观他们的生产设施。鉴于这种情况,诺基亚把原来的配送监控从原来的每星期一次改为每天一次。当诺基亚发现供应断裂将延续几个月时,它进一步采取了两个措施:首先,它向其他的菲利浦工厂要求产品优先供应权;其次,它获得了美国和日本的其他供应商的供货承诺;最后,诺基亚重新配置了产品结构,以兼容不同的芯片设计。

在面对同样的风险时,爱立信的把握能力似乎较弱。它接受了供货商最初的承诺,直到4月份也没采取什么进一步的行动。甚至在那时,爱立信也没有作出任何求援的行动。早在一年前,爱立信为了削减成本,选择了单一的货源供应。像诺基亚,它也没有存货。

这次事件,直到恢复产品销售,导致爱立信花费了4亿欧元,也让它放弃了移动电话的生产;而诺基亚的生产似乎没有受到什么影响[13]。

有人说,诺基亚比爱立信具有更强烈的对成功的渴望。但是,如果真有什么区别的话,应该说,爱立信的文化氛围更好一些。在 1999 年到 2003 年期间，它三次更换了公司的 CEO。

另一方面，诺基亚的 CEO，琼玛·奥利拉（Jorma Ollila），听起来更像一位社会学家。他很少的在公开的场合作任何演说。"在一次和芬兰哲学家埃绍·萨里嫩谈话时"，2005 年《莫斯科时报》（*Moscow Times*）报道说，"奥利拉认为，人们更多地关注自己个人的权利，忽视责任和对社会的积极影响。"[14]

对于诺基亚和爱立信从打击中恢复的能力，真正产生差别的是它们对风险的不同理解。诺基亚不信任供应商的承诺，安排了多条货源供应渠道。爱立信认为单一货源的成本优势超过了供应链集中在一个供应商上面的风险。[15]最后的结果是，诺基亚的风险评估更准确；爱立信尝尽苦果，从市场中退出。

更准确地说，对于制造移动电话这种集中芯片供应体系，诺基亚比爱立信具有更好的风险评估能力。与爱立信相比，诺基亚一定早就设计了一个亏损方案，这个方案能够承受最糟糕的供应链集中的亏损额度。即使爱立信在所有其他方面的风险管理都优于诺基亚，但这个风险评估的失败就能使诺基亚占领了市场首位。换句话说，是风险评估，而不是进行中的风险管理，将诺基亚推上了市场的顶端。

正如诺基亚没有低估风险，在风险面前获得了成功一样，许多公司由于没有高估风险，在新的风险面前也获得了成功。AIG 财产与意外保险公司就是一个例子。AIG 早在

第二章

1980年，就与中国重新建立了联系，并和中国人民保险公司（PICC）共同组建了一个合资公司。这时，人们根本还不能确定中国的改革能否获得成功。当时在中国没有其他的西方保险公司活动。

但是，AIG与中国的历史可以追溯到1919年，这有助于它对中国巨大的市场潜力作出正确的判断。AIG的管理团队认识到这一点之际，正值中国"文化大革命"结束之时。其后不久，中国开始了市场改革。从那时起，AIG就在中国市场保持着领导地位，在2003年10月，它获得了中国人民保险公司10%的股份，拥有121 000个销售代理[16]。这是它很早就梦寐以求的一个平台。

不管是否对风险高估或低估，像诺基亚和AIG这种例子显示，企业可以将信息资产和知识转化成优秀的风险评估能力，会使公司处于一个非常有利的位置。

如果上述结论是正确的话，那么能够解释成功的要素就是估计最糟损失的准确性。毕竟，最糟损失的估计是风险评估所包含的重要内容。为什么习得风险评估上的差别能够对企业产生持续的影响，其原因就在于，它们能够引导企业去管理具有根本差别的最糟损失的风险。

这种情形与随机风险不同。既然随机过程产生随机风险，那么没有人知道的比其他任何人期望知道的多。例如，大多数股票型基金经理经过研究发现，在股票市场上，可能有时候有一些投机者会有一段幸运期，但是即使是表现最好的人也没有比其他人有更好的机会阻碍市场的发展[17]。要了解随机风险要素的可变性,历史是最好的,也是唯一的向导。对于历史将如何改变,没有任何人比其他人拥有特殊的知识。

另一方面,可习得风险是危险的,准确地说,原因在于我们缺乏对风险动因了解的相关信息。信息是昂贵的,就好像天气,如果有足够详细的数据支撑,我们就能准确预报短期内的天气状况。或者我们所缺少的是一个良好的风险解释模型,我们可以用它来解释为什么相同企业,事故发生的概率会不一样。要么就是,不同的人或组织,他们用来评估某类风险的基础根本不同。当他们这样做的时候,基于假设作出的风险计划就会不同。

勇敢面对具有风险竞争优势的新世界

可习得风险具有鲜明的特色,在我们思考风险时,如果将竞争的维度添加到其中,它会产生戏剧性的效果。如果这样,风险假设的可变性会引发怎样的关于竞争的话题呢?

这些都有实际的意义。特别地,它能够影响运营的成本。假设,在手机芯片市场上,爱立信关于供应链风险的观点是正确的,而诺基亚是错误的。那么,爱立信的单一货源供应链,在和诺基亚的竞争中,就会让它具有持续的低成本竞争优势。

更重要的是,风险假设的持久差异会导致持续不变的成本差别。处理这种风险的第一种方式是,保持额外的资本金在身边,随时抵消这种损失。如果高估了这种风险,你就必

第二章

须积累比正常需要更多的资本,而且必须消化额外资本带来的成本。第二种处理的方法是实施控制。如果高估这种情形的风险,你会发现,控制的花费比正常的花费更多。第三种方法是对冲风险。这种方式的花费也非常昂贵。对冲过头也会侵蚀利润。在上述的每种情况中,也会出现低估风险的情况,相应的,成本问题也会出现。它会引起相关成本劣势。

相关成本的概念,在实际事务中的思考是如此根深蒂固,以至于我们不会忽略它。不是商业过程中的绝对成本,如销售成本,在起作用;起作用的是相对成本。

为了说明相关成本的根深蒂固,想象一下,某天,一个邻居,带着一个做生意的好点子来找你。他从厨房的门缝里塞进一份《长号日报》(Daily Trombone),上面有某个县城大量需求某种产品的调查。它还知道市场需要什么样的电话、电视和因特网服务,并且知道怎样建立这种服务网络。

"好主意,弗兰克,但想一想这个系统要花费多少钱!",你恐怕永远也不会这样回答。商业的绝对成本在这里并不起作用;至少当知道产品或者服务可行之后,绝对成本不起作用。但是,你或许会问:"弗兰克,你认为,与街边的那个卖货的女人相比,我们做这件事会更有效率吗?你要知道,她们上个星期六刚刚开始这一项业务,她们会有一定的成本优势。"在相对成本上,我们的思想首先关注的是我们的劣势,然后才是其花费成本原因。

从1970年代以来,相对成本是企业做商业企划时着重强调的。在迈克尔·波特的书籍《竞争战略》(Competitive Strategy)中,它被奉为经典。看看他书中第二章的这些句子。

> 在工业领域,尽管存在强烈的竞争压力,但是低成本总是能够给企业带来超过平均利润的回报。低成本对于企业来说,是防范竞争对手敌意行为的有效武器。它意味着,在对手通过竞争侵蚀部分利润后,企业仍然能够获得利润。低成本能够保护企业免于被其他企业进行敌意收购。在这种情况下,收购者通过施加市场力量也只能把价格降低到次优竞争者的水平。低成本,能够为自己提供保护,有效对抗强大的供应商,在面对投入要素价格上升时,具有更大的灵活处理的空间……因此,低成本保护企业免受竞争压力。讨价还价对利润的侵蚀,只能将次优竞争者清除出市场。在面对竞争压力时,次优竞争者首当其冲地受到影响。[18]

与竞争相关的该业务的成本,决定了业务的利润率。相对成本优势不仅促使企业在与对手的竞争中赢得了成功,事实上,它还让企业赢得了消费者和供应商。

假如给你30年的时间思考相对成本对于商业成功的重要性,为什么我们还是要将注意力放在项目的绝对风险上呢?为什么我们不将注意力放在风险评估中能力相对强的一面?至少,这些风险是可习得的。

第二章

设想你已经在小镇上开始提供居家通讯和娱乐服务。你的邻居和商业伙伴丽莎敲开你的后门说："电缆和电话打包不错,但我不喜欢宽带数据交易,我们为什么不开始提供无线服务呢?"

你会回答说,关于宽带交易的想法,她是对的;但无线服务听起来太冒险,太超前。换句话,我们会本能地思考商业风险的绝对水平。即便要这样做,也没有人会说,没问题,我们比其他任何人更加了解市场。

当然,绝对风险水平会让我们思考这些问题。其中,有许多想法,它们的风险会降低潜在的收益,不值得我们去追求。如果某个想法确实切实可行,它产生的收益至少比可预测的相对成本要高得多,我们才能接受。因此,对于那些行得通的想法,真正要解决的问题是:谁能够最好地评估风险,并且最有效地管理它们?

在《竞争战略》这本书的开始,迈克尔·波特解释了相对成本优势能够持续地获得成功的原因。

> 在一个行业中,如果成本随着经验下降,并且经验能够被那些先行成立的企业作为私产(商业秘密)保存起来,这样就会形成一个进入壁垒。新成立的企业,没有经验,与老企业相比,先天的营运成本就高。为了获得经验,实现与老企业成本相等的目标,他们的定价必须低于或接近成本,因此,它们不得不忍受沉重的启动亏损……如果成本随着产量的增加而下降,当产量变得足够大时,新的市场

进入者永远也无法赶上。[19]

在这里,波特没有谈到风险,但事实上语句中包含了这层含义。他说,如果经验能够让公司比其他公司以更低的成本运行,这就能使它在竞争中处于有利的地位,获得更多的利润。这种情况的出现依赖于随着时间的推移,经验是否能够使企业之间持续产生差距;同时,它取决于竞争者愿意花费多少成本来弥补这种差距。

既然在成本分析中,风险变成了一个重要的因素,我们有必要将波特的思想拓展到风险比较成本方面,或者至少是可习得风险方面。毕竟,如果一个人对来自于新的不同类型的可习得风险的最大损失判断得比其他人更准确的话,这个人在它所承担的项目上将会有长期的竞争优势。在这种情况下,高估风险的竞争者就会出局。而那些低估风险的竞争者会遭受意外的损失,他们不得不对项目作出调整,否则就放弃。

一句话,在任何项目中,我们应该更多地考虑风险的绝对水平、方法的完善和最后的结果。如果项目涉及新的可习得风险,我们在评估方面,应该考虑相关的技巧,这些技巧得益于我们所拥有的信息和知识。谁处理风险的手段最好,在面临风险挑战时,谁就有最好的机会。这意味着,在处理风险不确定性时,他的营运成本更低。

如果你认为随机性不好,那就忽略它

可习得风险提出了竞争的问题,随机风险则不会。这就

第二章

是为什么我们说,风险项目的处理方式、方法的完善或者最后的结果都取决于主要风险的种类。

随机风险,例如能源价格导致的风险,因为它们是随机的,因此很难管理。但是可习得风险也很麻烦,它不仅涉及风险多变性的管理,也涉及风险习得的多少、快慢等问题。有一点,如果你很不喜欢随机风险的话,你可以忽略它们。

风险竞争的事实应该给很多公司敲响了警钟。即使你把可习得风险的项目管理得和其他人一样好,你也可能碰到麻烦。如果你的公司不能和你的竞争者一样,循着风险学习曲线快速向下移动,你可能难以像其他公司那样最有效地配置资源。这样,你会过度保护自己,虽然风险减小了,但你的销售会因为过于审慎而下降;或者你会不注意保护自己,过量使用产品销售资源,从而提高金融风险。

在一天的工作结束后,你会更喜欢产品销售这项工作,对于企业来说,它只是一种随机风险。在这种工作方式中,你至少不必担心你的竞争者掌握和了解多少关于生产和市场风险方面的信息。在风险管理上,存在着足够多的竞争性差异,正如先前所说的,这种差异,在习得速度方面,具有更大的可变性和延展性。另一方面,如果你面临着产品销售的可习得风险,你要确保对销售风险的掌握至少要和其他人一样多。

给定我们管理和评估的项目风险,那么在选择启动项目时,认识到这一点是非常重要的。首先,它有助于我们将可习得风险与随机风险区分开来。

作商业决策时区分可习得风险与随机风险

在本章的第一部,我们主要把金融风险作为一种随机风险,它反映了在完全或有效市场中价格的多变性。伯顿·马尔基尔(Burton Malkiel)把这种市场定义为随机游走市场,在这种市场中,蒙着眼睛朝着华尔街投掷标枪的大猩猩的准确率与专家一样出色。[20]

下一步是要确定哪些非金融风险是随机的。不过,这样做似乎会变成一种无休止的形而上学式的练习。由可习得风险造成的这种竞争性的挑战,无论怎么说,意味着必须找到快速、简单和非常富有实效的解决方法。

如果新项目蕴含的主要风险与安全、产品和派生价格的随机运动没有关系,那么我们有理由认为风险是可习得的。换句话说,如果市场没有催生风险,我们有望从其多变性中学到一些东西。

这样,即使我们犯了错误,那也是一个危险性较小的错误。这样思考吧,如果你认为可习得风险是随机的,你就不需要担心其他人对最糟糕损失所获得的信息要比你多。但是,不能排除有另外的一些人能对风险控制得更好,而且你会发现,由于项目风险,你不能做到盈亏平衡。

现在,我们再假设一些随机风险是可习得的。那么,所能发生的最糟糕的结果是,你会无休止地担心其他人或公司,在面对与你相同风险,竞争同样业务时,对风险习得的速度比你更快。这不算太坏。记住英特尔公司总裁,安迪·格鲁夫(Andy Groove)的建议:"只有偏执妄想狂才能生存"。[21]

如果你不知道风险是可习得的还是随机的,你就假定它

第二章

是可习得的。以这种方式,你会对你能够习得什么倾注更多的关心;与见多识广的竞争者相比,你不会在不经意间对自己保护过度或者不够。事实上,"随意和隐秘"暗含着,反映市场价格的风险或许是你可能遇到的唯一的随机风险。

为什么现在就要关注风险

总之,如果不同的人和组织,在评估可习得风险时运用的技巧不同,那么关于风险评估的基本假设就必须改变。那个假设,即最糟损失依赖于风险把握的假设,是错误的。最糟损失还决定于你了解什么,以及还有谁在承担风险。

这反过来改变了风险和报酬的基本假设。对最糟糕风险损失,如果人们作出的假设不同,那么他们就会花费不同的成本来控制它,减轻它,转移它,或者预防它。结果是,即使项目相同,回报也不同。

这也改变了我们提出的所有项目的风险组合的基本假设,这些风险包括家庭生活中出现的风险和工作中遇到的风险。我们没有从风险的相互抵偿中受益,相反,我们会发现自己一直在追随着一种失败的主张。某人,某地,对风险的了解要远远超过其他人。

随机风险近在咫尺

实用主义的首要法则认为,如果风险不是源自竞争性的市场定价,那么风险就是可习得的。在这里,实用主义的这一法则离事实真相不远了。风险实际上是与随机性源于自我参照这一观点密切相关的。

卡尔·波普尔在《开放的宇宙》(The Open Universe)一书中,是用自我参照来解释随机性的。[22]他描述了一个思维试验,该实验试图证明以可预见性为特征的决定论是不成立的。这个思维实验的要点就是,一个具有预测未来功能的机器却不能预见它自己未来的知识状态。为了实现预测的功能,该机器生成未来预言的速度必须快于生成用于预测未来知识的速度[23]。

对此,另一种观点则认为,这个具有预见未来功能的机器不能够完成它的预言,因为它未能彻底完成对自身的描述。这种对自身的描述中必然包括对另一个描述的引述,后者中又必然包括对另外一个描述的引述,并依次循环下去。对此,一种来自直觉的观点则是,如果我们能够预见我们自己未来的知识,那么这些知识将不再是未来知识。

波普尔还认为至少有些事情是没有确定性起因的。在本章的内容中,有些事情就是随机性的。波普尔还指出我们没有办法证明这一观点(或者它的对立观点)。[24]因而,尽管波普尔对随机性给出了很好的解释,它也仅仅只是证明了自我预测的不可能性。这样说,并不是在贬低他的观点。对于我们的目的而言,波普尔的观点则恰恰表明了自我参照在随机性中扮演的重要角色。

这一点,就如同当我们掌握了过多的关于我们自身的

第二章

信息时，可预见性就不会起任何作用了。经济学、心理学和物理学中的三个最清楚的随机性例子，可以证明这一点。完全竞争市场中可以预测的价格是有问题的，它的问题就在于假定这些价格已经吸纳了所有可获得的信息。心理学中自我分析的问题就在于，从某种层面来说，我们知道得太多了。物理学中，为了测量量子状态，观察者必须通过干涉量子状态来控制它们，而这又致使无法预测到量子状态。

对可预测性的思考方式，有助于澄清自我参照与定价——尤其是遵循马尔基尔随机游走规则的定价——之间的关系。在竞争性市场中，定价机制汇总了该市场中每一个买方、卖方及普通顾客对价格的看法。对于任何一种商品，只能有一个市场价格。这个价格源于市场对价值的自我审问。换句话说，竞争性价格是竞争市场自我参照的计算结果。

值得注意的是，复杂而混乱的过程通常不是随机的。信息论认为，一个的程序复杂性是能够生成该过程的最短的计算机程序的长度，而随机性是指那些比任何程序都要短的过程。但是，混乱的过程经常被简洁地描述。[25]因而，即使是复杂而混乱的风险，也是可以习得的。

另一种理解随机性的方法则认为，从外因的角度看，我们总是不得不考虑自己所无法控制的因素。但是，当涉及我们所能影响到（包括我们自身在内）的事物时，我们就不必非得考虑外因。因此，我们也就不再考虑那些自己无

作商业决策时区分可习得风险与随机风险

> 法控制的外在因素。
> 这样看来,随机性风险就近在咫尺了:它们来源于我们所参与的市场。具有讽刺意味的是,可习得的风险则远在天涯。这样,正确的结论就出来了。可习得的风险是真正不可知的;随机性风险仅仅是不可预测的。

底线是可习得风险——包括大多数,不是所有的非金融风险——的表现与随机风险不同。银行管理金融风险的经验,对我们管理自身的风险并不能有多大的助益。这并不仅仅是因为银行有更多的数据。很多情况下,银行之所以受益,并不是因为他们表现得如何优秀,而是他们面对的大部分是随机风险。正因为是随机风险,所以任何人都不会比其他人知道得更多。我们都必须追踪风险要素的产出,理解暴露出来的风险,计算最糟事件的损失。是谁在承担风险并不起作用,你要做的就是瞄准和射击。

但是,如果可习得风险根本不同于随机风险,为什么我们仅仅只是注意它们之间的差别?可习得风险是突然之间从天而降的吗?他们是新冒出来吗?他们不知何故无处不在吗?

可习得风险不会是新冒出来的,非金融商业风险总是与我们同在。他们之所以开始影响我们,是因为在我们的工作和生活中,发生了两种重要的变化。第一,在第一章中曾经讨论过,信息技术使我们对商业的管理变得更加容易,因而,可习得风险显得离我们更近;第二,作为信息技术的结果,随

第二章

着我们对信息技术依赖的不断增长,信息管理的成本也不断提高。如果最后的一点正确的话,你就会更加明白,将可习得风险从随机风险中区分出来是多么地重要。

因此,为什么突然之间处理风险的成本变得如此重要?当然,不同的组织之间,同一公司的不同部门之间,甚至是个人不同时期之间,面临风险成本都是不同的。例如,一个公司比另一个公司制造车轮的效率更高,一个部门比另一个部门收回应收账款的速度更快,一个人能够比另一个人更快地铲除车道上的积雪。

然而,在任何时点上,上述成本差异是相互关联的。导致成本差别的原因总是相同的。例如,在产业革命时期,冶炼和商品运输铁矿石的成本差异导致了金属材料企业方面很大的差别。随着时间的流逝,商品市场发展了,出现了更好的商业惯例,它使所有不同企业之间的材料成本出现了扁平化。[26]

在20世纪的大部分时间里,劳动力成本差别在国际制造企业的成本结构中,占据主导地位,并且改变了全球贸易的模式。随着20世纪70年代浮动汇率制的恢复,劳动力价格倾向于根据劳动生产率的变化作出了迅速的调整,并与之保持一致;这样,人们很难猜测一个国家会向另一个国家出口什么产品。现在,劳动力的绝对成本差别仍然存在,但在国际市场进出口贸易领域,劳动力成本与劳动生产率之间的关系变得越来越稳定。[27]

在20世纪80年,当日本企业对西方企业的挑战越来越激烈时,资本成本差异变成了成本结构差异的主要动因。一旦国际资本流动从 70 年代的通货膨胀中恢复过来,毫无疑问,这种差距急剧缩小了,而且,由于像长期债券之类的金融工具的使用,资本成本差别迅速减少。[28]

近些年来,由保罗·罗默(Paul Romer)率领的发展经济学家指出,获取知识的信息成本是解释发展成功与否的重要因素之一。[29]罗默认为,实际知识方面的系统差别能够很好地解释经济增长方面的差别。在更加开放的国际竞争中,似乎公司之间的原材料、劳动力和资本成本的均等化程度越明显(相对于劳动生产率),信息成本的差异性就变得越重要。

在任何组织中,获取知识是信息成本的主要动因;而另一个动因是处理不确定性的成本。由于公司才开始统计他们的行为活动哪些可以归咎于不确定性,因此现在说明公司的成本中有多少来自于对风险的处理还为时过早。风险成本现在处于公司成本前沿的事实,说明了搞清楚商业风险是否是可习得风险或者随机风险,将会给我们带来比以往更高的收益。

回顾我设备制造部的一个朋友提出的问题,他期望我能给出一个回答。他很担心他的公司在风险评估中,与他的竞争对手相比,处于一个不利的位置。他真正需要的东西是一种评估企业对抗风险能力的方法,一种对风险智慧进行比较评分的方法。

第三章 给风险智慧打分

如果你在工作或生活中选择了一个有风险的项目或方案——项目和方案的成本不确定,结果也不确定,那么风险评估有助于你作出决策吗？上一章说明了,信息技术能够影响可习得风险的评估能力,在业务中,它会产生永远的赢家和输家。风险评估的技巧决定了谁输谁赢。对于一些人来说,可习得风险不会是一场公平的赌博游戏。那么,这种赌博会是怎样的呢？

迄今为止,人们对可习得风险内部的差别,并没有给予应有的关注,这可能是因为我们没有好方法来评估习得技巧。但是,我们能够测度习得风险的能力。即使我们只能对自身习得某类风险的能力,与其他人的做一个粗略的比较,这也会大大有利于我们作出风险决策和项目选择。面对项目中潜在的不同的可习得风险,我们的输赢如何,这一章给我们提供一个简单的测定方法。

第三章

这个想法富有创新性。长久以来,我们都知道一些人比另一些人在管理风险上更具有才能。我们测度这些管理技巧,就像我们用尽心力测度所有的管理技巧一样。但是,当我们开始测度不同类型的可习得风险的评估技巧时,可能一些事情都有了变化。

我们会发现,在测度任何给定的可习得风险的能力时,我们比测度大多数管理技巧带有更大的主观性。

我们会发现,个人和组织评估风险的能力,与大多数管理技巧相比,比预想中的差别更大。

我们会发现,评估不同种类的可习得风险的能力千差万别,其范围之广,远非管理风险的技巧可比。

而且,如果我们和其他人一项一项地比较风险评估的技巧,我们会提高长期的业绩。

因此,这一章的目标是实施风险智慧的第二项原则:

原则1:识别哪些风险是可习得的。

原则2:识别哪些风险可以最快地习得。

为什么风险评估技巧能够起作用

如果说一种技巧的测度能够同时带来商业上的成功、工作上的成就、家庭生活的美满、个人生活的舒心,抑或是抚育孩子的乐趣,那似乎是不可思议的。毕竟,我们可以测度很多技巧,它们并不会造成我们日常生活的实质差别。例如,掌握了性格判断的技巧并不直接和抚养孩子有关。但是,我们很难想象测度这种技巧的能力能够使我们的家庭生活方式发生变化。

这里的差别是，虽然我们不能选择我们的孩子，但是在承担风险方面，我们有选择的自由。正是因为我们拥有了选择承担何种风险的自由，因此测度风险评估技巧的能力会对我们获取成功的能力产生实质的影响。

我镇上的一位朋友，她在华盛顿特区一家公司上班，做公关。去年，她认为，她不会选择适合于自己的风险。由于仓储出现故障，她丢失了一本存放在里面印的账本。她说："当时，我完全不知所措。"

或许不是像上面这样的情形，但是与这个例子表面上所揭示的东西相比，我们还有更多的选择。例如说，一项计划，涉及上百张相似的照片，一位校对者错漏了其中一张。再假设，这位校对者不是通过正常的招聘进入到了公司，而是通过其他人从其他公司介绍进来准备做一些设计性工作的。在这个例子中，很显然，我们选择了承担非正常招聘方式的风险。而且，对于这种风险，招聘部门的人可能理解得更深、更好。无论怎样，像矫正错误这种非控制性经营风险，从根本上来说，似乎是，也通常是一种自由选择的风险。

我们选择了执行哪一个计划，怎样支配时间，想改善业务上或家庭生活中的什么内容，我们就选择了承担哪一种风险。每一种选择的风险都是不相同的。只有在作出选择时，考虑风险才是有意义的。

与其他人相比，我们领会和习得风险动因的能力可以使

第三章

我们的计划更好地承受风险,这是一种全新的理念。不过,个人和组织习得风险的速度和广度随着时间的流逝会呈现越来越大的差别。因此,测度风险评估相关技巧的能力变得非常重要。

例如,在2001年,全国许多公司开始在光缆领域进行投资,这样他们就将自己暴露在一种新的风险面前。当电信泡沫突然破裂时,风险评估能力的差别就开始变得明显起来。

俄克拉何马州突沙市(Tulsa)的威廉姆斯公司,一个销售和配送天然气与石油的能源集团,是其中的一家投资商。为了扩展公司的收入,威廉姆斯公司的执行总裁决定成立一个全资的光缆子公司,名叫威廉姆斯电信集团。但是,结果显示,是否拥有光缆领域的经验,在决定公司的成败方面,似乎比公司的产权要重要得多。

起初,人们认为,既然威廉姆斯拥有了上千公里的输油管线,那么,它的这种投资行为只是一种逻辑上的冒险。所以,像英特尔公司和SBC电信都相信,如果沿着输油管线铺设光缆,将会使风险最小化。但事实上,像威廉姆斯这样的能源公司在充满风险的电信市场上没有什么经验。

在如此多的公司埋下了如此长的光缆之后不久,光缆市场开始暴跌。威廉姆斯子公司的股价也随着跌落,从开始的67美元下跌到67美分。一些股东对威廉姆斯公司提起诉讼,认为公司管理层曾经一度吹捧光缆网络市场的价值,而此时,"环绕地球的光缆已经足够铺到太阳了"。

相关风险测度技巧的概念引导威廉姆斯公司不得不对

对光缆业务的变化作出思考,同时他还必须考虑那些更有经验的竞争者的反应。可见,风险评估能力的差别直接导致了结果的不同。

比别人实行更好的风险评估能够获得成功的一个很好的例子是奥克兰运动家(Oakland A's)棒球队,迈克尔·刘易斯在他的书籍《魔球》(*Moneyball*)中曾经对此作过描述。事实上,奥克兰总经理,比利·比恩,掌握了棒球技术的所有统计数据,他利用这些数据塑造自己的球队,这一点,他比他的竞争对手做得要好得多。

棒球的最大风险之一,不是它的不可捉摸性,而是选手的表现。对于像比恩(Beane)这样的经理,他所在的城市要么较小,要么就有两支球队,他没有那么多钱将他能够发现的有天赋的球员收录到麾下。比恩所能做的最聪明的事情是掌控影响选手表现的风险动因,而且他必须比别人做得要好。

比恩认识到,棒球涉及大量的技术统计。从这些统计数据中,我们可以了解棒球的方方面面。这就是为什么所有其他的经理人盲目地购买那些平均击球成功率高的选手,以及责任得分率低的投手的原因。在每一次联赛所展现的统计数据中,冠军队的背后一定隐藏着一条更好的线索。

比恩确实发现了一些线索。他开始寻找那些表现高于基础均分的选手,不管他们是把球击打出界外,还是跑不到点上,又或者是经常被杀出局。这些选手通常没有特定的统计数据,其他经纪人无法获得他们的情况。这样,比恩可以

第三章

以较低价格挑选出他们。这些球员往往在最后比赛的关头，比分处于关键时刻时，发挥关键的作用。在成功管理风险上，你恐怕再难找出比这个更好的例子。

当然，风险管理人员知道上述技巧能够发挥作用。但是，他们没有办法测度这种习得能力，而正是它，可以把成功者与失败者区分开来。另一方面，测度习得技巧的方法有许多，它们可以让各种各样的风险暴露在我们面前。在这种情况下，即使我们没有希望掌握这些风险，如果我们知道这些技巧，我们仍然有勇气去面对新的风险。由于多数人只能管理他们能够测度的东西，因此风险测度技巧的缺乏和风险的多样性，使我们远远不能使用我们所擅长的东西。

测度风险智慧

简单点儿说，我们需要一种方法来测试人们评估风险的能力。更准确一点说，我们需要一种方法来测评不同的人，在面对同一种风险时，对习得风险的速度进行打分。最简单的测试由五个要素组成，主要测试你在事业、工作和生活之外的经验影响你准确评估风险的能力。这种测试方式，其结构与广泛使用的新生儿健康测试的阿普加打分法（Apgar Score）相类似。以胚胎项目风险为例，这种方法能够很快让你估算出新项目的风险。即使是那些老旧的方法，也能够起到作用。我们把这种关于风险的智力及其评分的结果，叫风险智慧。

对于五个要素中的每一种，如果你的经验或者你的商业经历——这里,我们称之为"经验性测试",使你在获得更准确的判断上,比他人处于更有利的位置,那就给你记2分;如果你和其他人没有差别,记1分;如果其他人比你做得更好,记0分。计分从0到10;均分是5。

通过风险习得能力评分,你可以对项目进行排序,这样有助于你更有效地管理每一个项目。当然,影响风险管理的因素很多。但这种测试所挑选出来的要素是测度风险反映的最主要的几个方面。

你应该避免那些评分最低的风险。虽然这种方法并不总是可行,但是,这样做总能提高你的风险智慧,至少是某些类型的风险智慧。考虑到可习得风险,评分的五部分框架提供了一个大概的路线图(见表3-1)。

表3-1 风险智慧评分

对于相关风险,你是否具有足够经验?	
这些经验在多大程度上与影响风险的要素相关?	
这些经验很令人惊奇吗?	
作为信息源,这些经验具有怎样的多样性?	
你如何系统地追踪你所习得的东西?	
	总分

我们用一个房地产方面的例子对这个表进行说明。每一个房地产代理商,在决定将它们的投资放在城市的某个类型的房产上时,例如住宅型建筑或商业型建筑,它们都承担了风险。在同一个市场上,代理商通常需要相当长的一段时

第三章

间从一种市场转移到另一种市场，或者从一种资产类型转向另一种资产类型。通过这种测试，代理商能够清楚地知道，当它们处理这类风险时，自己在市场中处于何种位置。让我们仔细考察洛杉矶的一家房地产代理商，在它转入小型商业房产市场时，它是怎样考虑风险的。

首先，有必要搞清楚作出决定后的主要风险是什么。为了让案例变得更简单，我们假定主要风险涉及当前经济中小企业所拥有的商业资产类型。

1. 对于相关风险，你是否具有足够经验？你是否经常遇到或者听到别人关于洛杉矶房地产方面的一些有见解的观点？在概要中，无需回答这个问题。事实上，这个问题，只有与其他商业代理人联系在一起，才是有意义的。按照"每周风险披露"的原则，我们必须考虑这个问题。相对于其他代理人，如果你每周有更多机会获取房地产方面的知识，记 2 分；如果和其他人具有同等机会，记 1 分；如果其他人比你更有优势，记 0 分。

2. 这些经验，在多大程度上，与影响风险的要素相关？这种特殊的经验所蕴含的意义是什么？比方说，你发现了靠近新地铁干线附近的电影制片厂的房产价格快速上涨，而远离地铁的电影制片厂附近的房产上涨缓慢。这意味着，房地产价格的上涨不可能得益于制片量的增长，地铁线的延伸才可能是真正的原因。因此,经验或发现具有广泛的意义:它可以使一件事从不可能到可能。这个问题的关键是,特定的经验可以帮助你排除那些不起作用的因素,更多关注那些能够发生作用的因素。当你能够确定某一种要素确实能够影响市场时,你可以具体估算经验的比例。如果你比其他商业代理人更有经验,记2分;处于平均水平,记1分;不如其他代理人时,记0分。

3. 这些经验,很令人惊奇吗?在商业扩张中,你所习得的经验,在多大程度上,令人意想不到?这种经验越是独特,你从中获得的关于商业资产要素的信息就越多。也就是说,发生的事情越不平常,你越要注意。这才真正是经验独特性的测度。例如,它可能不会轻易改变你认为街角的资产更好的看法。这是一种可以预期到的观察。但是,你会非常惊讶地发现,20世纪50年代,开在二楼的视野宽敞的舞厅所发生的快速变化。根据你的经验,与别人相比的独特程度,分别给你自己记2分、1分和0分。

4. 作为信息源,这些经验具有怎样的多样性?你会从事一系列的活动,这些活动能够使你成为更好的商业代理吗?例如,你参观了许多不同种类的零售商店吗?在仓库储存或者制造业领域,你有朋友吗?你与交通和公共运输变化保持同步吗?你认识开发商吗?你对建筑部门给予了足够的关注吗?这些问题主要集中在信息源的范围内。经常地接触相同的信息源,你

第三章

不会获得新的东西。重要的事情永远是,你如何和其他的对手进行比较。同样地,根据情况分别给你记2分、1分,或0分。

5. 你如何系统地追踪你所习得的东西?你是否对不同的信息以及与开发商、建筑商、经纪人和代理人签订的不同的合约都做了记录,并作了很好的保存?例如,对于售卖和没有售卖的资产,你是否做了跟踪记录?对于自己的成功和失败、尤其是一些独特的经历以及原因的探讨,你是否也做了记录?这样做并不是要备份你的记忆。这样做的好处是,当你考虑与其他代理人进行合作时,它可以提高你的组织绩效。这相当于记录了你的思想与市场信息互动的一个过程。相比于其他人,如果你做了更好的跟踪记录,给你自己记2分;如果与其他人一样,记1分;不如别人,记0分。

一旦你可以把分数累积起来,你就要采取下面三个步骤。

- 对风险排序。首先,比较项目主要风险的得分,然后排序。10年前,阿普加发明了一种计分方法,通过它可以测定怎样照顾好新生婴儿,今天,我们可以用这种方法来决定哪些风险,我们能够处理得最好;哪些需要留给其他人。
- 评估你的风险智慧。评估风险智慧主要是为了搞清楚,我们是否有一些系统性的问题需要处理。有可能有一些坏消息你无法获知,这样,你就要搜寻更多的反馈信息,否则你会陷入相互矛盾的数据泥潭中,迷失方向。

- 作为一个风险评估者对自己进行客观分类。检查风险智慧组成部分中每一部分的得分。搞清楚你自己究竟属于哪一类风险评估者。你是否属于占有了许多信息,但不能最有效捕捉的哪种?你是不是学了很多,并且随后就忘了的那种人?

我们来轮流检查这三个步骤,同时简要认识一下新生儿评分的发明者。基于这种评分的方式,我称之为风险智慧。

对风险进行排序

开始,列出所有可能的项目和决策,以及这些项目和决策中所包含的风险对习得能力所提出的挑战。然后,在每一个项目风险中,识别最重要的风险。最后,确定风险智慧得分最高的项目。

主要风险通常围绕着新产品的市场规模或者新技术改进的难度而变化。同时,它们也与竞争对手的反应、发现人才的能力,或者供应链的复杂程度相关。

最重大的风险通常是那些令我们寝食难安的风险。这些风险使未来的结果变得不确定或者不合时宜。它们能够导致最重大的损失或者最坏的预期。

我们为什么可以确信在任何给定的项目或决策中仅仅潜藏着几个主要的风险?一个原因是风险智慧评分只对可习得风险起作用。另外,根据帕累托的一般性观察,任何问题,仅仅只有一个至关重要的挑战需要面对(见"帕雷托分析")。

第三章

弗吉尼亚·阿普加

弗吉尼亚·阿普加，1909年出生于新泽西的韦斯特菲尔德。1933年毕业于哥伦比亚内外科医师学院，1949年成为那里第一个被提名的女性正教授。作为一名女性，同事们劝她不要强行进入外科；但她不顾劝阻，专攻一个被忽略但发展迅速的领域——麻醉。50年代，她开始专注于产科学。[1]

1952年，她发明了一个简易的五因素——十点标度的方法来帮助医生和护士评估新生儿的健康状况。为了方便记忆，这种方法后来被发展为用她名字的五个字母来表示：外貌（Appearance）、脉搏（Pulse）、面相（Grimace）、活动（Activity）、呼吸（Respiration）。

1959年，她还获得约翰斯·霍普金斯大学（Johns Hopkins）公众健康专业学位，随后成为March of Dimes先天缺陷部门的领导人。她终生挚爱并弹奏早期的乐器。1974年，弗吉尼亚·阿普加在纽约逝世。

由于阿普加评估方法非常简单，所以它在世界范围内被应用。我的妻子，安·玛丽·莫勒（Ann Marie Moeller）曾在偏远的巴南巴村（Banamba）中一个妇产门诊里遇到过使用这种评估方法的医生。在像巴南巴这么贫穷的乡村妇产门诊里还能遇到这种评估方法，不能不引起人们的深思。这次的经历使她明白了，一旦你远离了工业化世界的医院，在碰到类似的紧急情况时，你就可以采用十点标度的评分方法。

> 在这里，弗吉尼亚·阿普加的新生儿评分是很有用的，这不是因为它为风险智慧评分提供了一个简单的模型，也不是因为对远房亲戚关系的好奇。它阐明了分数的主观性。任何两个护士都可能对同一个新生儿的评分有差别，但是只要任何护士对分数的应用有足够的了解，就可以用这一评分对新生儿进行紧急护理。

为了更多地了解风险智慧评分的工作原理，我们暂停对主要项目或者决策风险的比较，这些都会被纳入到评分的要素中去。用另一句话来说，你可以比较风险项目或者决策选项的得分，在每一个风险智慧要素中，你都会轮流为这些选项进行评价打分。

相关经验的频率

一旦你识别了项目的主要风险，你就可以使用第一个要素——相关经验的频率，直接对其中的每一个风险给你自己打分。例如，对于一个给定的主题，你是否比竞争对手做了更多的销售访问？如果你计划进入德国市场，与其他潜在的进入者相比，你的团队中有多少人阅读过德国的商业报纸？在新产品领域，你与供货商见面的次数比你的竞争对手更多吗？如果你是一个军事主管，正在考虑实行挨家挨户的反叛乱行动；与任何可能领导叛乱的敌人相比，你是否更多地接触并了解了当地的居民？你的目标是判定在哪些方面你所

第三章

获得的相关经验比你的竞争对手更有优势。

典型经验的相关性

接下来的两个要素——典型经验与风险要素的相关性和经验的独特性，构成了风险智慧评分的核心。这两个要素要表明的不是经验的范围和数量，而是典型经验的价值，而这种价值取决于相关性和独特性的维度，同时这个维度可以保障你最有效地排除那些不重要或者不相关的因素。

在那些影响风险评估的要素中，经验的相关性可以让你分清主次。不相关的经验总是与大量可能的因素联系在一起。例如，无法找到预期的客户来进行销售访问，根本无法说明你选择的通讯社的价值。通讯社是否对于许多客户来说具有很高的价值，或者情况相反，常常没有机会来验证其正确性。因此，经验或者缺乏经验，并不与通讯社的真正价值存在很大的相关性。

帕累托分析

帕累托，1848年出生于一个被放逐到法国的意大利民族主义者家庭。帕累托曾经管理过罗马铁路和佛罗伦萨的一个钢铁厂，随后，因为受到挫折在菲尔索退休。在那里，他与俄罗斯女子亚历山大·班库琳（Alessandrina Bakunin）结婚，并写了许多新古典主义经济的评论文章。直到政府派暴徒将他监禁起来，他才停止。1890年的暴乱把他变成了一个愤世嫉俗的实用主义者。他确信所有的意识形态可以归咎于精英阶层对权力争夺的结果。

后来,他搬到了瑞士,写了一本引人注目的关于政治经济学的手册。在这本手册里,他介绍了一般均衡理论,并且用他的帕累托最优概念对功利主义作了批判。在批判中,他把效用重新解读为一种偏好,而非客观的价值。他认为,市场可以达到一个最优点,在这个最优点上,所有人都能够在不损害他人利益的基础上获得更多的收益。

但是,帕累托最出名的是他的一个观点,即20%的人口通常控制着80%的财富。他的统计观点同时也说明,20%的任何努力在正常情况下可以达到80%的结果。同样地,20%带有风险的努力应该产生80%有风险的价值。[2]这些风险是我们在对每一个项目或可替代的选择进行考虑时,必须要权衡的少数重要因素。

相关经验不会与大量的可能因素存在联系。如果某个专家向你解释了通讯社对于销售访问是无关紧要的,那么与访问相关的经验就会在你原来的期望(通讯社可以带来更多的销售)与现实之间作出鲜明的区分。这并不是你所期望得到的结果,但你能从中学到很多。正是经验,那些与所有潜在的影响风险的经验——排除了那些不相关的要素,帮助你评估了风险。

最终的目标是判定你的经验与哪些项目具有最高的相关性。既然打分要与其他风险承担者联系起来,因而你必须将自身的经验与竞争对手的独特经验进行比较。

第三章

典型经验的独特性

为了更好地理解风险排序,把握独特经验的价值,我们必须明白,经验中的独特性要素是对相关性要素的一个补充。对于这个世界,独特性能够显示出更多的信息。从5%的产品返修率中,你能够了解更多的信息。如果你要评估一家汽车修理店,通过找那些汽车在该店无法修理的车主谈话,你会收获更多。

关于独特性要素,这个例子会让一些人感到迷惑。它们会问,如果你只是拥有平均经验,它又怎么可能是独特的呢?平均并不反映经验的真实性。真实的情况是,我们可能在这个时候比在另一个时候领会更多的东西,有时我们的经历是独一无二的,而有时又不是。

回想一下,你在什么时候快速地习得了一门工作技巧或者领会了学校里的一门课程。或许你已经更换了工作,正在一个新的办公室文化中学习如何与新同事相处。与其他花在工作中的时间相比,在这段时间,你可能每天都有新奇的或意想不到的经历。在你面前,新同事们都会展示不同的个性和他们之间不同的沟通方法。他们会提出新的不同的问题,这些问题强迫你去学习新的方法或新的解决策略。又或者他们要你主持一个会议,做一个演说,你也要快速学习。

在回想一下那些让你留下了深刻影响的时刻。那可以是一次大型的慈善活动,或者会议室的一次重大决策。风险智慧评分中,无论如何都不可能衡量独特性要素的关键。

对于某一特定的风险,典型经验传递了什么样的信息?如何评价这种信息?独特性要素在与相关性要素相结合时,发挥的作用是否更大?独特经验大大地减少了可能性,否则他们就不具备独特性了。影响风险相关的经验能够潜在地剔除许多不重要、我们也容易忽视的因素。当相关经验也是非常独特时,它确实排除了许多因素,这些因素,我们在习得风险时,会错误地认为它很重要。

例如,假定我们要比较古董经销商的能力,我的一个邻居在美联储工作,而我要预测银的价格。此刻,我假定银市场不是一个完全竞争的市场,这可能不是真的。由于我读了很多经济方面关于预测的书籍,我认为自己有很多独特的相关方面的经验。但是,那些经济故事与银市场并没有什么关系。相反,古董经销商由于长期关注市场上银的价格,他们拥有大量相关经验。但是,他所观察到的价格变动很少能够给人深刻印象。最终,我在美联储工作的邻居,他的经验,从本质上来说,才是既相关又独特的。他实实在在地搜寻着那些在世界上可以影响金属市场的事件。

现在,在你考虑任何两种风险时,你可以比较显著经验的独特性和相关性的得分。这种比较意味着,与你的竞争对手相比,你的显著经验更有助于你把握项目产生的风险。

经验的多样性

现在,对你那些与风险评估技巧评定相关的经验范围或多样性做一个比较。经验越具有多样性越好。因此,在扩张

第三章

达拉斯的工厂规模时,如果你只打 10 个销售电话;而扩张圣保罗工厂规模时,你打 5 个销售电话,5 个供应商电话,你很可能在评估圣保罗工厂规模风险时处于更有利的位置。

保持记录

最后,对你所习得的风险进行追踪,并给你自己打分。例如,你会做会议记录吗?对重要结果你会做电子记录吗?你会勾勒它们的结构以便其他人能够领会你所习得的东西吗?如果你对员工的健康问题做了很好的记录,而对供应商问题没有这样做,那么在应对人事变动风险时,你可能比面对供应链风险时做得更好。

你经常对风险排序吗?答案是,按照需要进行。即使金融机构和投资商暴露在风险面前的情况没有改变,它们也会定期对风险进行重新评估。既然如此,这种回答就显得比较刺耳了。如果潜在风险要素的概率分布发生了变化,它们也会这样做。它们假定,如果这种情况发生了,他们将不得不改变他们的投资。尽管我们能够承受风险,但对项目的商业风险我们很难达成共识。

在每一次面对一个新的项目选择时,我们应该对主要风险进行排序。这样,当机会出现时,我们能够作出正确的选择。在我们应该寻找替代方案而没有这样做时,我们就面对着风险。我们应该不断创新,寻找新的机会,而不是躺在过去的荣耀里止步不前。

因此,我们应该一个季度一次、一年一次,或者在一年的基础上定期在新的机会中重新估价风险智慧吗？这取决于我们什么时候对当前项目中存在的风险有足够的把握，可以从事和习得新的项目。第四章提出了一个关于习得能力的理念，它像一根传输管道，通过它可以习得能力能不停地使用，而不会出现超载的问题。

诊断AT&T的风险智慧：风险和技巧的错误匹配

为了说明如何运用这些评分标准，我们可以对AT&T风险智慧进行评价，在AT&T并购SBC前一年，它作出了的三个重要的扩张决策。我们就对这三个重要决策的风险进行评价。这些决策可以说是错误的。这一决策严重弱化了AT&T的竞争力，1984年，它被从AT&T分裂出去的一个地方性的子贝尔（Baby Bell）公司并购而破产。

AT&T的第一个错误是，从1984年一直到1994年，推迟了对无线电信技术的使用。第二个错误是在1984年公司解体后的20年，没有成功开发利用自身的计算机技术资产，也没有在宽带网络技术中开创自己的位置。第三个错误是1990年进入电缆行业的失败。表3-2对AT&T的风险智慧中的每一个要素进行了大体的评价，这些风险分别是由无线电、宽带和电缆领域的商业行为带来的。这里为了简单明了，2意味着"高"，1意味着"一般"，0意味着"低"。

这些数字是怎么得来的？风险智慧评分的优势之一是，只要有时间和资源，你可以把它做得非常科学。它可以提醒我们在什么地方，即使没有经过仔细的测度，我们也可以采

第三章

取大胆的行动。坐在躺椅上,手里拿着《经济学人》杂志上的一篇综述文章和一个公司的介绍性材料[3],我记下了这些数字。当你用一种有效的方式组织这些事实材料时,这些数字会告诉你一个组织的能力究竟有多大。

表3-2　AT&T三个决策的风险智慧

	无线电	互联网	电缆
经验总量	1	2	0
经验的相关性	0	1	1
经验的独特性	1	0	2
经验的多样性	0	1	1
记录跟踪	2	1	0
总计	4	5	4

无线电

看看第一栏的评分数字。它们突出了AT&T在1984年进入无线电领域的相关风险。随着政府下令对公司的拆分,AT&T的大部分中层管理人员都没有变动,因此,AT&T在组织上仍然拥有巨大的优势,这反应在栏目里的评分2上。

AT&T最明显的弱点是过于依赖麦肯锡的市场预测,麦肯锡预计,到2000年无线电话的用户会达到1百万。事实证明,它少估计了740万。这就是为什么在信息资源这一项,AT&T的经验丰富性为0的原因。另外,由于AT&T的相关部门没有很好理解消费者对移动电话的需求,因此,它在经验的相关性方面得分也是 0。在 1994 年，AT&T 最终购并麦考公司（McCaw）时，它支付了 11.5 亿美元；这个价格是如此高，以至于在随后 10 年直到 AT&T 卖掉它，它的平均增长率都没有超过 14%。

互联网

到 20 世纪 90 年代，AT&T 已经日落西山了。AT&T 失去了为西部电子公司（Electronics Western）提供设备的业务，放弃了 70 年代为 Unix 编写的操作系统，为重建计算机技术优势对 NCR 的收购也失败了。1995 年，AT&T 剥离了贝尔实验室，成立朗讯公司（Lucent）。最明显的是，在克林顿主政时间，由于受到挫折，它避开了互联网主营业务。在互联网技术领域，它已经没有任何"赢"的希望，因为，技术才是互联网的潜力。它在这方面的得分为 0，说明它的相关经验没有独特性。

坦率地讲，AT&T 只能是算是一个新手，它的总量得分是 2；仅凭这一点还不足以成为宽带市场的领头羊，这个市场拥有 30% 的美国家庭用户。[4]

电　缆

风险，以及与之相关的故事，在 90 年代，随着 AT&T 的新 CEO（迈克尔·阿姆斯特朗）的走马上任，再次发生了变化。迈克尔·阿姆斯特朗上任后，收购了电缆业巨头 TCI 和 Media One。问题是，它是在市场最高价位上收购的，随后，

第三章

它没有足够的现金流来快速减少债务。在2002年,当电信的股价大幅下跌时,它不得不放弃电缆电话生产的梦想。

AT&T的制度记忆(institutional memory)传承失败了,而且它还忘记了来自麦考公司(McCaw)身上的教训,选择了一个错误的时间进入市场。要在电缆市场上重新盘活TCI,阿姆斯特朗还是显得太嫩。因此,在相关经验和纪录保持上,AT&T只能得0分。不过,妈妈贝尔(Ma Bell)最终在关键的时刻,获得了新技术,这反映了它利用阿姆斯特朗工作经验的能力;正是这种能力,使它在早期生涯中,在休斯电子公司(Hughes Electronics)和IBM获得了难以想象的技术方面的成功。这正反映了经验独特性的价值,评价得分是2。但是这些仍然不能避免AT&T在电缆方面执行和组织经验的缺乏。

AT&T的风险故事

虽然这些东西是我躺在摇椅上,随手勾勒出来的,但AT&T在1984年无线电通讯领域、90年代中期在互联网领域、90年代后期在电缆领域的这些风险智慧分数确确实实告诉了我们一个真实的故事。公司评估无线电通讯和电缆领域风险的能力得分低于平均分,但它们各自的原因不同。AT&T对咨询研究的依赖说明了它视野狭隘和在无线电通讯业务方面的幼稚。这也证明了为什么AT&T在这个领域迟迟不肯投资,以至后来无法有效参与市场竞争。15年后,一系列不利因素严重削弱了它的能力,使它无法摆脱电缆市场后来者的弱势。这些不利因素包括,缺乏管理电缆市场收入高度波动的经验和日益缺失的组织记忆(organizational memory)。

很可笑的是,AT&T似乎仍然和其他企业一样,好端端地在宽带互联网服务领域扮演着一个鲜明的角色。在它承受设备业务失去的压力时,其实设备并不是互联网服务的核心内容。在这里,似乎企业缺乏成功的镀锌技术使它不能参加了一个能够玩得很好的游戏。在互联网企业很廉价时,正是胆怯阻止了AT&T在宽带领域的投资,那么这可能是AT&T最富于悲剧色彩的一段插曲。

作为风险评估者,给自己分类

经历了三类非常不同的商业风险,消磨了20年的时间,看见了数不清的企业转型,AT&T的风险评估形象发生了改变。但是对于我们中间的大多数人、大多数组织来说,在评估差异很大的商业风险时,我们在自己的能力范围,会发现优点和缺点具有非常大的一致性。

通过比较不同的项目、决策和改进方案的风险智慧得分,我们可以搞清楚是否会出现重要的模式。例如,三种截然不同的得分模式——在组织或个人习得中的勇气和弱点,值得我们特别地关注。它们会揭露一个盲点,这个盲点会影响我们对所有项目的观察和判断。我们可以用简单明了的方法来纠正三种模式。

风险评估的三种模式分别是印象主义者、百科全书者和

第三章

健忘者。简明扼要看,印象主义者拥有印象深刻的经验,但这些经验与当前的问题没有联系;百科全书者,积累了丰富的表面知识,对问题的解决能够施加影响,但这些知识不具备独特性,对于我们未知的东西帮不上什么忙;健忘者的经验相关且深刻,但是他无法从不重要的信息中区分重要的信息,并将重要信息存储完好,随时备用。让我们慢慢地充实这三个模式,然后用它来排忧解难。

印象主义者

印象主义者对经历过的事情拥有强烈的印象,并能够广泛运用它。问题是他们往往运用得过了头。对于他们来说,经验的深刻性远远超过经验的相关性。

什么东西形成了强烈的印象?强烈的印象或经验形成的最基本的要素是不可能性。我们从经验中所了解的东西并没有我们期望的那么多。例如,一个不怎么出名的单身母亲,最近从葡萄牙返回爱丁堡,写了一本供孩子们阅读的反映中世纪的小说。从这则消息中,我们无法了解更多的东西。但是,当我们了解到,J. K. 罗林(J. K. Rowling)的小说《哈利波特与神秘魔法石》(Harry Potter and the Sorcerer's Stone)在头两年就卖出了300万本之多时,我们对儿童书籍市场的观点就会完全改变了。因为这个信息显示了一种不可能性,它留给我们的印象太深刻了。这是一个高冲击性的信息,我们的记忆会保留这一信息。

诺贝尔奖得主丹尼尔·卡尔曼(Daniel Kahneman)在

1979年甄别了"钉住现象"（phenomenon of anchoring）。这一现象是说，决策者习惯于将注意力放在格式化的经验上，然后过分依赖它，甚至自动过滤掉那些相反的经验。加里·贝尔斯基（Gary Belsky）和托马斯·格罗里奇（Thomas Gilovich）后来推广了这一思想，并且警告说，很多坏的决策都起源于它。[5]

虽然钉住现象对我们提出警告已经几十年了，但经验的不可能性对记忆具有非常强烈的影响，这也给出了一个很好的理由。独特的经验告诉我们依靠期望是有问题的。例如，《哈利波特》的销售情形说明，儿童书籍销售的第一年并不是关键的一年（它在1998年卖了136 000本，而在1999年卖了3 000 000本）。这种独特的经验并不会向你展示未来的情况。但是，它能够告诉我们当前的观点出了问题。

特韦尔斯基（Tversky）和卡尔曼从来没有透彻地解释过钉住现象什么时候是一个问题，什么时候它不是。但风险智慧的印象主义模式却确切提出了问题所在。当深刻的经验与特定的问题或潜在的风险没有关联时，他就会产生误导。如果我们把J.K.罗林的经验运用到所有的恐怖小说上，尽管它留给了我们很深的印象，但两者之间可能没有关联。

我们怎样测试深刻印象者的关联性？风险智慧评估告诉我们应该怎样测度经验与一系列风险之间的关联性。那是经验对不同因素的敏感性测算，正是这些因素催生了风险。更准确地说，那相当于，把不同的可能性因素付诸实施，计算出经验概率的波动范围。如果在给定一些要素的前提

第三章

下,控制其他因素,如果我们的经验令人难以想象地深刻,那就说明经验与风险的决定性要素相关。

例如,假设你在一家食品包装公司上班,你的老板在印度花了很长的时间建立起了一条销售链,这一点他记得非常清楚。因为在某个地方的一些官员收受大笔贿赂,这件事在最后的时刻化为泡影。辛苦努力之后,得到这样的结果非常令人伤心。在早期经历过许多合作和诚实的交易后,碰到这样的事情令人感到非常惊奇。于是,你老板的记忆会"钉住"这段经历。

因此,你的老板会非常不愿意在越南建立分销渠道。你和你的团队确信在越南的主要不确定性在于安全。如果你是正确的,那么你老板的经验就与越南无关。你的团队所设想的、在越南可能发生的任何风险细节都丝毫没有与最后一刻的受贿联系起来。因此,以往的经验丝毫不能说明,以前发生的事情在风险评估时能够适用于其他国家。

另一方面,如果你在一个国家看到了行贿受贿的相关报道,那么你老板的经验可能是相关的了。对于这个国家,一些你预想的可能的风险情节会使你老板的经验比其他人的经验与真实风险相关的可能更大。例如,你可以想象这样的情节,在其中,地方政府对省会城市的商业交易控制得比较紧,而对较远的城市控制得比较松。在这种情况下,分销商会通过协商促进交易的进行,防止行贿受贿扼杀交易。这种情形与发生在你老板身上的情形是一样的。由于他极度深刻的经验与之相关联,因此在另一个商业环境中,他会自然而然地将他的记忆"钉"在同类的事情上面。

正是因为不可能性经验留给我们的影响太深,以至于我们总是想方设法把它运用在即使没有关联的事件上面。这就是为什么卡尔曼非常相信印象主义者的原因,也是我们为什么要小心我们身上出现这种模式的原因。你是否对你个人经验的独特性评价很高,而对经验的相关性评价又不是很高呢?如果是这样的话,你也许就是一个印象主义者。

事实上,表3-3的第一栏列出了区分印象主义者的所有要素。栏目对三种不同类型的风险评估者给出了各自的风险智慧分数。仔细看第一栏,你会发现印象主义者,他们与项目风险相关的经验,在多样性和总量方面的得分都很平均。同时,在记录跟踪方面,他们更是彻底地趋向平均。但是,他们在多数问题的相关性方面表现得很弱时,在经验的独特性上,表现得特别强。

表3-3 三种风险智慧类型的简单评分

	印象主义者	百科全书者	健忘者
经验总量	1	1	2
经验的相关性	0	2	1
经验的独特性	2	0	1
经验的多样性	1	1	1
记录跟踪	1	1	0
总计	5	5	5

说得更细致一些,那就是,印象主义者的经验,在知识的不可能性习得方面或者说在知识的极度深刻的习得方面,比

第三章

一般情况要丰富得多。举两个例子来说明。某个人,他负责销售大型、复杂的软件系统,他每卖出一套软件,他的经验感受都是不一样的,这种经验都会告诉他许多关于消费者需求动机的信息。另一个例子。某个人,类似于企业兼并方面的顾问,他的每一次交易都与所有其他的交易显著地不同,他的每一次经历都是独一无二的。

反过来,印象主义者,在经验与不同风险的相关性上,比一般情况要弱得多。这或许是因为它们常常局限于一些非常狭小的风险要素方面,不能广泛运用到其他商业活动领域。想一想,一个工业工程师,他的注意力每天都落在特定的设计失败上,他的经验可以推广吗?

面对这种情况,你能够做什么?看一看表3-3印象主义者的风险智慧得分,你会发现最大的差距主要在相关性上。毕竟,相关性,本质上就是要削弱潜在的经验的深刻性。那么,印象主义者如何才能在不牺牲深刻性的基础上,提高经验的相关性呢?印象主义者所要做的三个最重要的实践性步骤应该被归入到风险智慧评分的三个基本要素上:相关性、经验的多样性和记录跟踪。

有时,我们可以提高"老"经验与"新"问题的关联。例如,假定你要修缮屋顶。你对其中一人的维修建议比另一个人的印象深刻,但是你对这两个人都没有提起过维修屋顶的事情。在这件事情上,前一个人的经验深刻,但可能不是一个良好的建议,两者之间没有关联。一个弥补的方法是,看一看你邻居的屋顶,是否屋顶的修缮与整个房屋结构相一致,效果如何。很显然,你的邻居应该对此非常了解,就像他了解屋顶修缮的签约人一样。通过这种方式,我们可以利用"老"经验将那些对于"新"问题来说,可能是错误的方案排除掉。

经验与我们所要解决的问题总是具有关联的。如果你面对一个新的政治风险,譬如说,你无法按照日常程序安排与消费者、厂商和供应商之间的见面会。或者,按照预定安排,下一个星期你需要参加十个会议,在会上,你要告诉消费者你的公司所提供的零配件的质量。然而,你不是每次都能参与到会议讨论中去的,即使你能,大多数的消费者所提供的信息也没有用。经验的开发需要有创意,而不是简单的狂想。

根据个人或组织的经验,缩小"相关性差距"(relevance gap)的第二种方法是拓展你的经验范围。如果你考虑在一个新的国家开始做生意,你可以先和当地人合资,了解当地人是如何做生意的。总体上来说,你要先学会处理一类问题,这类问题与你评估的风险具有共同的根本性原因。

例如,假定你的公司正在考虑将公司内部的计划系统扩展到偏远的子公司。你的推广执行经验与子公司的业务和运作方式是相关的吗?如果不相关,你可以考虑从一个小项目开始,将子公司的运作程序整合到其他的公司中去。

你的经验,再怎么引人注目,如果和新的风险没有关联,你就要找到一种方法使它丰富和多样化。记住,经验的相关性取决于有多少种可能的风险动因,这些风险动因确定无疑地与之发生联系或者将之排除出去。

第三章

第三种对抗印象主义者趋势的方法是参考记录。你可能回忆不起来或者不了解与新风险相关的组织经验，但它确确实实存在。去问一问你的同事。多数执行主管所报告的关于评估失败的最大风险是忘记了询问其他经理关于他的职责范围内的事情；不管这件事看起来是多么地新奇或者史无前例，你都要这样去做。

你唯一不该做的事情是从你深刻的经验知觉中退缩。在指导你运用你的判断上，这些经验有而且应该有巨大的力量。毕竟，这些直接与风险相关的高度不可能性经验确实能够把许多可能的但不相关的风险因素排除掉。钉住那些不相关的经验会误导我们。运用这种技巧时要特别小心。

百科全书者

百科全书者拥有大量的经验，这些经验都可以运用到新的项目风险或者决策风险中，但是，这些经验没有很强的指导意义。由于无法提供有意义的指导，百科全书者的经验虽然可以运用到许多风险中去，但缺乏效果。表3-3的第二栏展现了百科全书者的风险智慧评分模式。

百科全书者在经验方面的关键差距在于经验的独特性或者不可能性。举个例子，假如你雇用了一个非常聪明的年轻助手，帮助你开发健身设备的新品牌。该助手受过良好的训练，掌握了健身部门运作的大量信息以及诸如调查研究之类的营销分析技巧。这时，你想知道克利夫兰（Cleveland）的人口，你就问他。他能够在瞬间就告诉你答案。但是，他的这种本能起不了多大的作用,他所告诉你的东西没有任何独特之处,无法激发我们某一方面的兴趣。

军事策划和部门商业运作,都带有战略上的不确定性,它们都发现自己处于百科全书者的位置。对于反对者或竞争者、国民人口或消费者、军事装备或成本这些信息,无论它们掌握了多少事实和数据,它们都无法洞察他们的挑战者对于这个世界的所思所想。然而,他们又没有机会用战争来检验他们关于这些挑战者思想的理论。

无论怎么说,百科全书者的这种情形是一种更为普遍的情况。事实上,它是缺乏经验的标志。随着学术和在职培训办得越来越好,人们改变职业,或者进入人才市场,针对某个机构的项目或者决策去习得大量的经验成为可能。但是,培训还是不能取代刻骨铭心的经验的价值,这种经验,能够直接告诉我们这个世界究竟是什么样子。这也是百科全书者的困境。

百科全书者能够做什么呢?三个主要的补救措施反映了风险智慧评分的基本要素。它与印象主义者是有差别的,主要表现在经验的总量、经验自身的深刻性和记录跟踪方面。

对于风险评估能力的系统性弱点,提高一个人直接的经验总量不是一个可行的解决办法。我们的工作和个人自身的生活要求我们尽可能多地接触消费者、邻居、预言家、教师、供应商、朋友、商业服务提供者、家政服务提供者,以及与我们相关的产品提供者。但是,如果风险评分暗示我们是一

第三章

个百科全书者,那在某种程度上,说明了我们在一些比较重要的领域只能是一个初出茅庐的新人,我们的经验起不了多大作用。也就是说,我们在该领域没有经受过强烈的冲击。

因此,如果一个百科全书者具有非常敏感的直觉,分析能力很强,你可以尝试给他安排一个直接面对消费者的工作。如果你觉得你自己的经验本身很粗略或者非常书本化,你就应该寻找机会,尽可能多地到去室外体验或者通过电话与那些对这个问题有看法的人进行交流。尽量不要凭空想象,尽可能实实在在地分析问题,写备忘录,阅读商业案例,收集营销资料。把最多的时间用来收集和分析信息,尤其是那些很难复制的信息。

第二个弥补措施是提高经验的深刻性、充实你所拥有的经验的内容。既然独特性反映了经验的不可能性,弥补措施就是要搜寻独特经验。这样做的好处是,如果你有机会,你应该去找一些这样的人,他们拥有难以言喻的、甚至是彻底敌对的观点。找到这些人对你将是巨大的挑战。

当然,谈话不是弥补经验差距的唯一方法。每一件出乎我们意料的事情,对我们的信念都会产生强烈的影响,并且能够加深我们的理解能力,这种事能够剔除我们关于事物运作原理的错误假设。这也意味着,我们可以把新的设想融进家庭或工作流程中,加速我们经验的习得。不管事情有多渺小,有多么不重要,每天你都要问一问自己所期望的结果是什么,这些都与我们所设法解决的风险问题相关联。当事情变得与期望有差别时,问一问为什么。

那些细小的独特经验和相关解释每天都被累积起来,并被跟踪记录,它们在提高百科全书者的风险智慧方面就慢慢变得重要起来。但是,其原因与印象主义者不同;这是因为,从过往的经验中,我们总是无法识别共同的主线;在新问题出现时,过去的经验总是把那些明晰的观点与那些大众的观点搅和在一起。

例如,即使你对每一次令人惊奇的退货都给予了足够的关注,但你仍然收到很多这款流行的新投资产品的电话咨询,那么就很难判断两者之间的联系。或许是顾客没有保留详细的使用说明,又没有什么可以替代的资料可查询……在这种情形下,好的记录可以将一系列小的独特经验转化成大的经验,由此而减小真正影响销售风险的概率。

健忘者

健忘者通常有独特的、深刻的经验,这些经验与许多种项目选择、风险决策和组织面临的挑战相关。在健忘者的经验基础上,我们难以搞清楚什么东西是不受欢迎的?具有这种风险智慧长处和缺点的人,他们的问题是太容易忘却他们习得的经验。他们也不会用其他人能够使用的方式来记录。

健忘者风险智慧模式显示,他们的差距主要表现在记录跟踪上。风险健忘者的经验强度与经验总量一样,都非常强。因为有太多的东西要记录,这就提高了跟踪记录的难度。表3-3中也显示了一个典型的风险健忘者的模式。

风险健忘者拥有大量的原生经验。事实上,这些"经验

第三章

矿藏"对于组织来说,是非常有用的。但是,如果不能使同事们减少对他们的个人依赖,他们的经验并不能真正地提高同事的绩效,用另一句话来说,风险健忘者们必须找到一种方法,使他的经验能够和同事们共享,而不是让他成为同事们的依靠。

这反映了保罗·罗默所说的湿件和软件(wetware and software)价值之间的差别。让我们来看看,他是怎样来定义两种概念。

> 湿件抓住了经济学家所说的人力资本的本质;哲学家和认知科学家有时称其为默会的知识。它包含所有储存在个人大脑的"湿"计算机中的所有东西。

> 软件包含所有的知识信息可以被编码,然后传输给其他人,它们包括:文字计算机代码、设计图、机械制图,机器的操作说明书、科学守则、民间故事、电影、书籍、音乐唱片、公司日程安排、我们使用的医用处方,甚至是我们使用的语言。它也可以作为文本或绘画保存在纸上,作为图像保存在胶片上,或者作为字符串保存在电脑硬盘或光盘中。一旦一个软件的第一份复制品被生产出来,它就能够被再次生产、使用,并且能够同时被大量的人使用。[6]

卡尔·波普尔对我们所知道的和我们自己所知道的记录做了一个类似的区分。他把我们所知道的,以及我们的思想,称为第二世界（与第一世界——物质相对）。他把第二世界与第三世界中区分开来，第三世界是指我们所记录的，别人也能使用的世界。波普尔认为，正是由于第三世界的存在，它使科学的进步成为可能。[7]但是，对于波普尔来说，清楚记录的重要性在于，它能激发客观的评价。

对于跟踪记录，健忘者能够做什么呢？答案并不是掌握更多更好的经验。在这个例子中，任何风险智慧元素都不包含补救措施。唯一的答案是以一种方式系统地抓住健忘者的丰富经验，以便其他人能够使用它。问题是，组织应该把这种责任归咎于哪个部门。

许多组织都要求那些经验丰富的员工仔细回忆他们所知道的东西，并且惩罚那些在这方面不勤奋的员工。问题是，我们当中没有人真正"知道自己知道什么"。叫我们把这些东西写在纸上或填在表格里，是首先假定我们能够认知到某些东西引起了我们本能的关注，并且我们知道它的重要性。

对于公司来说，从健忘者本能知识的湿件转移到公司其他人可以使用的软件上，这种行为没有意义。与其假定健忘者会不自觉地会保护他们的知识，不如让其他的雇员与健忘者进行正式的交流，听取他们的汇报。那些面谈者可能比健忘者更容易了解情况，重新组织那些发生作用的东西，并且过滤它们。

不要轻视这样的一个过程，也不要搞得很恐慌，或者过于焦虑。相反，它是一件值得庆贺的事情，在一个管理人员的生命周期中，它反映了一种阶段性的价值认知。

第三章

风险智慧的三个阶段

百科全书者、印象主义者和健忘者代表了风险评估技巧和经验的三个生命周期阶段。百科全书者拥有大量来自书本知识的经验,但缺乏深刻的经验来使他们的判断变得更准确。印象主义者有极度丰富的经验,但他们总是没有差别地运用在不恰当的地方。健忘者虽然有丰富的且深刻的相关经验储备,但他们不会进行可靠的记录以方便其他人使用。这三者合在一起,代表了风险智慧发展的青年、成年和老年阶段。

不过,百科全书者不需要年轻,健忘者不需要老。在我们的生命中,我们经历许多个习得的周期。我们很多次拐进这三个风险智慧的陷阱中。我们的策略就是先认知它们。

从公司的角度看,无论怎样,只有一种更深的可能性。那就是,把百科全书者、印象主义者和健忘者集中在一起,让他们相互补充。一个拥有百科全书者的特遣部队将富有丰富的背景知识;一个拥有印象主义者的特遣部队将非常具有决断力;一个拥有健忘者的特遣部队会将错误减少到最低。三支队伍结合在一起,将组成一支非常强大的队伍。

或许公司考虑盘点一些核心部门风险智慧及其技巧组合的存量。这些风险智慧存量能够帮助公司与风险抗争,使他们全面拥有作出有效判断的能力。要实现三方面的目标,势必会打乱百科全书者、印象主义者和健忘者的组合;要确保面对风险的核心团队至少拥有其中的一类人;并且设法提高每个人的风险智慧竞技水平。

最重要的是,通过紧密合作,风险智慧的三个阶段能够克服它们各自的弱点。"通过团队合作提高风险智慧"解释了你怎样才能平衡一个团队的风险智慧。

风险智慧评分怎样对信息价值进行正确估价

风险智慧评分的核心就是努力评价经验,或者更一般地说,要评价信息的价值。作为一种价值的测度,这一部分利用一个案例来说明评分的潜在有效性。这一节的最后部分提出了相关性的数理定义,它与信息经济学的规范内容是相兼容的(在风险智慧中与独特性要素相关)。读者可以跳过技术性稍强的部分,直接进入第四节的风险智慧战略意义部分,这样在阅读过程中,不会迷失讨论的主线。

风险智慧评分的要素没有什么绝对性的东西。例如,经验总量和多样性要素反映了一个这样的事实:越来越多不同的经验总是能够加速习得的速度。没有记录跟踪,其他人无法从习得中受益。

通过团队提高风险智慧水平

在很多领域,人们直觉地以为,团队可以通过平衡百科全书者、印象主义者、健忘者这些人的特点来形成很强的抗风险能力。但是执行起来很难。你怎能分辨出一个同事更像一个百科全书者,还是一个印象主义者,抑或是一个健忘者呢?

第三章

　　一个百科全书者形成的迹象是优柔寡断或者重复地需要指导。切记，一个百科全书者缺少难忘的或是新奇的经历，而这些经历经常会有助于我们决断。但是，为什么一个雇员会比另一个雇员错过更多的新奇的经历呢？

　　在同样的工作场合，我们中的大多数人会经历相似事情。但是一些人会发现新奇，而另一些人仅在相似中寻找到慰藉。那些在相似中寻找慰藉的人错过了一些经历，这些经历能增强他们判断能力。

　　一个百科全书者出现的相关迹象就是追随同辈的趋势。这可能是因为他害怕犯错误。如果他逃避犯错误，那么他就会逃避寻找新奇之处。如果他逃避新奇，他就不能获得深刻的印象。如果这样做意味着缺少决断力，反之，随大流就会变得更容易。

　　对一个随大流非常严重的雇员来说，最好的补救办法就是欣然接受错误。要求他摆脱大流，犯一些最好是小的错误。这些错误不断会增加他的信心而且会让他有故事可讲。

　　一个同事或一个雇员发展成一个印象主义者的迹象就是，他变得过于独立，甚至到了固执的程度。通常，我们把缺乏灵活性理解为固执。但是固执也反映了一种努力，努力地把一些难忘的工作经验无差别地运用到其他工作中。这时候，固执就演变成专横了。

　　按照这一章的意思，如果对印象主义者的诊断是正确的话，那么原因是什么呢？准确判断什么样的难忘经历能给一个同事留下深刻印象是非常难的。但是,努力地重构那些使一个雇员变得有判断力、坚定、不妥协的经历是有意义的。如果你能这样做,那么你就能更容易地辨认出这些深刻的教训在哪些方面不适合运用在雇员身上了。

最后,你可能会想到一个同事要承受失去记忆变成健忘者的痛苦。但是在这一部分我们将会从不同的角度来看待健忘者。在这里,正在出现的健忘者将会是某个人,但是,他虽然有丰富的阅历,但是很少能享受它。这与自私没关系。风险智慧健忘者可能无法明白重新表述她所习得的东西意义有多重大。

这种类型的行为也可能导致内向,当这种现象出现时,要与印象主义者的受迫内向区别开来。印象主义者的风险是固执;而健忘者的风险太过谨慎。

在团队工作中,如果很多人领导比一个人领导表现得更好的话,这种团队更容易拥有健忘者。实际上,这种团队工作使得我们返回到全面地解决问题的惯例,这种惯例是将互补性的风险智慧的优势和劣势结合起来。

但是,相关性和独特性两个核心要素,它们根深蒂固。在评分过程中,它们所扮演的角色是负责测度组织某一类典型经验的相对价值。然后,考虑到风险因素,可以根据其他要素推断所有的经验,并跟踪记录。

因此,要解决风险的问题,相关性和独特性必须能够估算典型观察或残缺证据的有用性。在一系列假说中,如果其

第三章

中一个是问题的答案,那么相关性和独特性必须能够验证支持选择的证据。

我们对风险相关性和独特性的测度类似于一项证据怎样影响假说成立的概率。幸运的是,英国的一个牧师,一个持不同政见者,托马斯·贝叶斯(Thomas Bayes),在1764年他去世后发表的文章中,解决了这个问题。[8]

贝叶斯找到了一种方法,在给定一些新证据的情况下,将相互竞争的假说的成立概率与没有证据支撑的假说概率联系起来。例如,假设你经营着一家以邻居为销售对象的报纸,同时正在考虑购买一家地方性的互联网新闻网站,名字叫"makeitupyourself.com"。如果你的广告计划是正确的,你将为之支付100 000美元。如果你现在除了你所做的,你不了解其他信息,你可能只愿意支付5 000美元。这就好像你认为广告计划只有5%的可能是正确的一样。

但是,编辑根据市场研究告诉你,广告的受众群体能够说明广告的价值。贝叶斯所发现的是,给定5 000美元的起点和具有某类特点的受众群体,你可以计算出应该支付的费用。下面是一些相关例子。按照贝叶斯的公式,你支付的费用应该如下:

- 25 000美元,假定一个成功的Panel对象测试证明,20%的计划能够通过,并且这些计划后来被证明100%是正确的。
- 25 000美元,假定一个成功的Panel对象测试证明,10%的计划能够通过,并且这些计划后来被证明50%是正确的。

- 50 000 美元，假定一个成功的 Panel 对象测试证明，10%的计划能够通过，并且这些计划后来被证明100%是正确的。

在这里两个因素在一起作用。第三个测试比第一个测试透露了更多的信息，测试成功的概率更令人印象深刻（10%对20%）。它的结果更令人惊奇。第三个测试也比第二个测试显露的信息要多，它的测试结果更具有差异性（对第二个测试，50%的可能不是假阴性），它的结果也更具有相关性。如果其他人对 makeitupyourself.com 投标，它们把所有的数据测试面板放在一起，你一定想要那份最具有独特性和相关性的那个测试。这正是风险智慧评分的核心要素所要评估的。

对那些偏爱数学的人来说，这就是贝叶斯的公式和表达式传达的独特性和相关性的含义。如果 h 是一个假设，如"计划是正确的"，e 是测试的证据，p 是可能性，贝叶斯的理论看起来如下：

p（h 给定 e）＝ p(h)×[因素]

不管什么假设，如果假设为真，那么，可能性的概率为

p（h 给定 e）＝ p(h)×[p（e 给定 h）/p(e)]

这有助于一项一项地将公式与投标价格联系起来，投标的额度得自于第三个研究的成功测试。50 000 美元的投标额度意味着如果测试成功的话，广告计划成功的概率是50%。它等于最初的5%的概率乘以100%的成功测试概率；

第三章

给定一个正确的计划,也等于用它除以所有计划10%的成功测试概率。

因素后面的理念是不可能的观察或经验(对应着更低的 p(e)),它能够告诉你这个世界许多不真实的东西。例如,根据计算得出来的成功结果说明只有10%的计划被通过,这一结果也证明了90%的计划没有通过可能是因为你的经验并不与项目相关。这就是为什么在风险智慧评分中,给不可能的经验很高分数的原因,其实质就在于其经验的独特性。

甚至那些独特的经验也可能是不相关的,与大多数的风险假说或期望相一致,它们可能是与项目不相关的。这种观察是正确的,无论怎么说,在任何一种风险理论下,独特性都是可能存在的。由于经验的不一致,相关经验能够让你排除一些可选的假说或期望[对应着 p(给定 e)=0]。

关于相关性,我们还有很多东西要说。如果一个观察可以让你把很多不一致的东西排除掉,那么风险问题的零假说(surviving hypothesis)或解的置信度就会上升。如果一些解使观察100%可行(对应 p(e 给定 h)=100%),你会感觉更好。举一个例子。一个计划被证明是正确的,而且 Panel 数据对它的支持率为100%,我们则可以说,Panel 数据是有用的,它不会产生假阴性。可见,一个糟糕的结果是具有决定性的。因此,风险智慧评分对那些经验证据给出了最高的相关性。

很多有趣的假说,它们发生的概率为零。特别是当它们与无限可能的观察联系在一起时,你可以凭自己的想象把它们联系起来。[9]独特性和相关性要素,关系到假说"前"和"后"的概率,它提供了一个分析风险习得的具体框架。

信息与习得之间联系缺失的相关性

假设你遇到了一个兴奋的客户,他说你的计划是他所遇到的最好的一个。但是,他唯一能够给出的原因是,这个计划对于他来说,是正确的。会面感觉很棒,但是这只能证明他与促进销售增加的因素没有关系。

在回办公室的路上,你捡起一个肮脏的纸板,上面印着一句口号:"想想你的消费者明天需要什么"。你的客户将来需要什么,而不是他们认为现在需要什么,这种理念的转化会让你克服设计上的困难。一种平凡的经历能够立刻证明其相关性。

依据独特性来测度相关性能够解决信息和商业风险管理中的许多问题。到现在为止,由于信息的价值难以测度,人们在测度信息的价值时,通常会忽略相关性。没有这种测度,我们没法给信息定价。

抛开相关性进行测度的这种方法可以追溯到信息的第一次实践性定义。1948年,贝尔实验室的一个工程师,克劳迪·香农(Claude Shannon),解决了通讯信息内容的测度问题。那时,克劳迪·香农在工作完毕后,经常喜欢围绕着屋子的走廊骑一种危险的独轮车,他的同事原本希望这项工作可以分散他的注意力。[10]结果,他成功了,他不仅知道如何测量信息,而且知道如何一毫不差地测度频道发送信息的能力。

第三章

但是他的工作使信息的相关性问题变得黯然失色。

他写道，一个字节的电文所传递的信息量是任一字符的数目，这些字符可以出现在电文的任何一点上。[11]因此，26个字母表，每一个电文字母传递的信息会是26的一个函数。

他把这个思想更加精炼，一个后来的作者将它称为"令人惊异"的字符，意思是它是不可能的。[12]一个"令人惊异"的字符会随着不可能性的倒数而改变。但是，信息的不可能性的倒数，严格地说，是信息的独特性或者深刻性要素。因此，香农的信息测度部分类似于贝叶斯的公式，以及评估证据的独特性或深刻性的风险智慧评分。

信息没有相关性，但是会有独特性。特别地，在你设法解决每一个问题或者要证明每一个假说时，如果一次观察，一种经验，或者一段证据，它们出现的概率的可能性是相等的，那么这些东西对你没有什么用处。设想一下，证据的概率是1/8。香农会说，它包含3个字节（那些是0或者1的数字）的信息。但是给定你所考虑的每一种假说或者方案这个事实，如果经验证据真的包含3个字节的可能性，那么还是不能帮助你选择其中的一个。

我们应该能够测量经验证据的相关性，努力解决这个问题。在前一个例子中，相关性的一个很好的测度是 − 3。这可以精确地弥补香农信息测度的内容。

相关性、独特性或不可能性的概念以及信息内容之间的关键差别是，后者是一个独立的问题。一个珍贵的独特的观察，不管你是否能够使用它，它都是珍贵的和令人惊奇的。

相关性取决于你想解决的问题。更仔细地说，它依赖于你为了解决问题所提出的假说、解决方案或者推测。

例如，汽车引擎罩下面冒烟就说明你驾驶的速度超过了60mph。你也第一次注意到，当你停车时，一种神秘的绿色的液体积聚在一个地方。你很担心，打通了《轿车访谈》(Car Talk)这个电台栏目的接线员。

他们告诉你绿色的液体与车速没有关系。他们认为烟雾主要因为燃烧的问题，皮带的摩擦，或者漏油。用另一句话说，对于冒烟的问题，他们可以用三种理论中的任何一种理论来解释。绿色的液体与他们所知道的任何一种理论不相一致。

但是，如果你有第四种理论。例如，你在洗车的时候早就注意到类似于绿色液体的东西；在你完成检查之前，你观察到燃料瓶脱落了。因此，你可能推测出，油箱里的汽油被污染，导致绿色液体的出现。

现在，他们会同意绿色的液体是相关的了。宽泛一点说，它与冒烟没有关联。然而，它与你问题的推测或者假说是相关联的。

下面是一个公式，适合于计算一种证据或迹象 e，与一系列假说 h_i 的相关性。在表达式中，$p(h_i)$ 和 $p(e/h_i)$ 是，在 h_i 为真的情况下，e 的可能性。

e 与 h_i 的相关性 $= \sum_i p(h_i/e) \times \log_2 p(e/h_i)$

公式在某种程度上把握住了在不同的假说 h_i 中 e 的差异性。公式把每一项都进行了平均，在 e 包含了 h_i 中的一种情况时,这些项大多数是负的;当一种 h_i 使 e 确定无疑或者不可能时,这些项是最小负数或者为零。权重确保了万一事情完全没有关系时,e 所涵盖的信息内容将被拒绝。公式使用了以 2 为底的对数来保持与香农的测度相一致。

这意味着,只要有足够的数据,你可以增加独特性或典型经验的测度内容[技术上—$\log p(e)$]以及你评估的任何风险假说的相关性[$\sum_i p(h_i/e) \times \log_2 p(e/h_i)$]。结果会表明经验对风险智慧的贡献。

现代信息理论已经全面超越了它所应用的领域。信息理论定义了独特性概念,这一点在香农的理论也提到过;同时,它也定义了相关性,主要是指观察材料之间的相关性。

所有可能的相互联系的经验,它们的期望价值被称为系列经验的熵。熵高意味着典型经验是更独特的。

一个假说中的所有可能的相互联系的经验的相关性,它们的期望值被称为给定假说下的经验的条件熵。低条件的熵意味着更大的相关性。

有意思的是,相关性值和独特性值之和说明了它们是经验和假说之间的一种共有的信息。它反映出一个人把多少东西告诉了另一个人。[13]风险智慧评分设法把这些东西变成一个实用而有启发性的工具。

第四章　风险战略审计

看一看你最近的计划列表。清单上有些会是购物,有些会是你比较特别的活动。这些活动中,即使不是大多数,但许多都存在风险选择。例如,一个项目计划就意味着隐含着风险,其中成本和收益的不确定性就是种风险。这些项目可能涉及你办公室的团队、个人的工作目标;涉及房子的修缮,甚至是孩子们的事情。你列表上的任何一个计划,当你想实现它时,都会有一个相应的风险存在。在某种程度上,你对项目的追求,决定了项目的主要风险。这些就构成了风险战略。

当然,计划不仅仅包含那些有风险的项目。一系列决策与计划包含的风险战略同样复杂。投资和活动倡议也同样如此。课程、旅行、工序改进、商业机会、大宗购买、体育竞赛,甚至约会,所有这一切都包含着风险战略的内涵。这些活动的共同点是它们都隐含着选择。这些选择不仅决定方

第四章

案是否能赢利,而且决定了其中的风险。不管是有意还是无意,怎样调和这些风险涉及我们实行的风险战略。

一旦你找到一种方法评估你的风险智慧或习得风险的速度,你就能够清楚地明白风险战略会把你引导向何处。你需要一种方法来监察风险管理的情况。既然外在和内在的组织动力(organizational dynamics)无时无刻地改变着你暴露在风险面前的危险(risk exposure),你需要在规范的基础上重新评估风险。我们大多数人喜欢从教科书里找工具,名曰"资产组合"。但是,遗憾的是,它并不是正确的工具。

经纪人,投资顾问,甚至社会保障体系改革者经常讨论证券资产组合,有时是风险组合。为什么会这样呢?既然不同证券能够分散彼此之间的风险,那么站在流动性或价值风险角度,资产组合相对于独立的资产会普遍地降低风险。例如,证券组合的风险比单独的各个证券本身的风险要重要得多。

但是,证券风险是随机的,不是可习得的。因此,不管是风险评估专家的观念还是风险智慧概念,都无法进入风险评估的框架之中。唯一的问题是资产组合对风险的分散程度如何。资产组合对于思考这类问题倒是一个好工具。

麻烦在于我们用组合的概念考虑问题时,风险分散又不是唯一的选项。公司战略专家讨论公司的业务组合。财务经理讨论企业的业务风险组合。我的父亲在他的车库里思考木工方案组合。邻居们甚至讨论孩子们的课外活动组合。

组合这个概念用途广泛,它适用于不同种类的风险。在这一节,我们认为,对于习得风险的管理,这个概念并不是一个合适的工具。我们必须把风险看做是一种挑战传统学习的途径,然后好好地管理它。这就把我们引导到风险智慧的第三个原则:

原则1:识别哪类风险是可习得的。

原则2:识别哪类风险可以最快地习得。

原则3:将风险项目按"习得途径"排序。

每次精通一种风险

风险智慧评分能够帮助我们测度自己对每一种特定风险的评估能力。了解自己擅长什么,不擅长什么。但这种能力并不是万能的。有时,我们执行一个方案或者作出一个决策,条件根本不允许我们学习这类风险。在这种情况下,很多时候我们只能强制提高自己的能力。面对新的风险,我们只能加快自己习得新风险的速度。

这种强制性迫使个人或组织转向一个新的学习方向,限制了他们可能实施的项目数量。公司的许多部门和分支机构往往在某一个时刻只从事一个项目。他们习得项目风险,然后转向下一个项目。这样,公司步步为营,建立起自己的"风险途径"。

举一个例子。假设《美食杂志》(*Eat Press*)的全体员工决定启动一个新的出版项目,发行一套美食专家自传。出版这套新书,他们必须投资大量的人力、物力。新项目启动后,公司将会体验到许许多多意想不到的、由这种冒险所带来的

第四章

刺激和激情。这是自然的。新的出版发行业务总是把不同的风险展现在出版商面前,他们需要学会管理这种风险。

这个时候,问题冒出来了。许多公司(因为种种原因,人们)并不擅长习得不同的事物。由于不同的市场有不同的特点,当出版商设法在不同的市场上实现多个目标时,他们不可避免地遇到严重的营运方面的挑战,遭受到不必要的挫折。但是,人们总是这样,他们有时必须在自己不具有优势的领域赌一把。因此,必须牺牲时间和资源去发展我们这方面的优势。正是他们从事的这个新项目,把不熟悉的风险展现在公司面前,所以在我们假想的案例中,美食新闻必须在"风险路径"上对面临的习得风险进行排序。

让我们继续美食新闻的自传丛书发行。作为食谱方面的专家,他们会认识到自己在这个领域里的不足。或许首先从一个知名厨师开始做起,更有意义一些。美食新闻公司本身具有食品方面的知识积累,这种联系可能赋予出版商一些学习上的优势——或者至少使他,相对于其他出版商来说,能将劣势降低到最小。

在此之前,公司员工可能对这个市场知之甚少;过一段时间后,他们通过接触市场,能够渐渐培养起对这个市场的敏锐意识。这时,如果美食新闻给自己在这个市场的风险智慧打分,它会发现,它们在风险评分的各个要素上,都有很大的提高。

例如,公司会发现,它与连锁书店里购买自传丛书的消费者有了更频繁的接触。编辑会发现他们安排的专业访谈与自传丛书市场背后的动因关联得更加紧密。这些对话会产生一些轶闻趣事,解释了名厨如何成功。

对于一些选题生僻的自传丛书,如何去获得市场,美食公司的市场商人会切身感受到一些令人惊奇且具有说服力的经验。新加盟的编辑人员会直接和作者接触,这些作者会从一个实用的不同的角度看待自传丛书市场。在新市场开发方面,美食本身也可以举行双周跨部门会议,正式确定公司需要习得的内容。

美食公司从食品印刷进入自传丛书领域的故事说明了一些我们必须经历的事情。我们花费时间和资源了解一些新项目的不确定性,这能够扩展我们的习得能力,从根本上改变风险智慧评分。在某一段时间,公司承诺将资源集中在一个项目上,这不是一件容易的事情。资源消耗决定了我们开发新项目的频率。

成功、增长和风险重力定律

为了更好地理解在启动新项目上的"速度限制",考虑一下,如果我们成功了,会发生什么事情。在我们把项目风险的相关性、独特性、多样性和追踪记录成功地转化为公司的经验之后,又会发生什么呢?

回到美食食品印刷公司的例子。如果美食公司赌赢了,传记名录将会占据公司更多的资源。传记市场内在的风险会严重影响经营的效果。如果传记销售陷入低谷,这会大幅度减少公司的总收益。

第四章

　　结果，那些在传记领域工作的员工会经历新兴业务带来的痛苦。自传丛书起初作为公司一种微不足道的内部业务时，他们能够享受到很多自由，现在这种自由让位于越来越多的高层管理人员的监察。这种情况的出现并不仅仅是由于项目消耗了越来越多的资源的缘故。

　　由于项目风险越来越多地影响到公司的总体业绩，人们对项目的态度也会变得更加审慎。在项目还比较小的时候，它会分散部分总体风险。随着项目的成长，它开始增加公司的总体风险。我们称之为风险重力定律。

　　公司高层应该关注风险而不关注新业务对利润或收益的贡献吗？例如，公司应该更多地关注它最大的业务，是食谱的销售，还是传记的发行？正确的答案是，公司应该留意什么地方会发生意外（独特性的出现）。因此，如果出版商在传记业务上比食谱方面更容易犯错误的话，管理层应该将注意力集中在传记上。

　　新业务的成长对分散公司其他风险具有很重要的影响。随着业务的成长，公司必须注意业务进一步扩展的风险是怎样与已经取得了成功的业务相关联的。例如，那些出版目录里新增加的书籍，如暴露隐私的书籍或者泄密政治内幕的书籍，会在一定程度上影响其他成熟业务的发展。但是，这种类别的书籍和传记联系起来的可能性不大。如果美食公司不断地推出新的传记，那么新业务分散风险的情况便会出现。

　　对于传记团队的成员来说，成功起初就像一种瓶颈。首先，他们必须忍受来自高层管理人员的审慎的压力。其次，他们会接到许多来自业务拓展组的电话,防止公司推出的传记和市场上的其他传记有雷同的地方。但更多的担心还是销量的下降。这就是竞争。

为什么间断的攻击不总是需要间断的技术

根据传统的观点,业务经理和投资者的表现是与他们暴露在风险面前的程度成正比的。这种观点的错误性现在变得越来越明显。前面的章节说明了风险评估技巧的差异是怎样使竞争者们分化成为胜利者和失败者两类的。正是风险的多样性,使竞争者能够挑战市场领袖的地位。

这似乎有点自相矛盾。如果卓越的风险智慧能够使市场领袖脱颖而出,那么为什么专注于其他领域风险的挑战者还能进行挑战呢?

首先,我们要想一想,正是成功吸引了别人的注意。设想一下,其他美食出版商眼红《美食杂志》的这种突然转变所带来的成功,他们也竞相推出自己的著名厨师的传记。突然之间,竞争者习得并且受益于《美食杂志》的成功经验。这样,竞争者通过站在市场领袖的肩膀上,不断降低他们的习得成本。

接着,我们想一想,后来这个市场追随者发展了一种相对于市场领袖的风险智慧优势,能够更好地理解风险。克莱顿·M.克里斯滕森(Clayton M. Christensen)在《创新者的困境》(The Innovator's Dilemma)中解释到,成功企业总是会面对竞争者,这些竞争者会利用看起来更低劣的技术,从

第四章

市场的空隙中发起挑战。[1]事实上,边际竞争者(marginal competitors)总是会习得一种新方法来参与竞争,设法满足市场上一部分需求没有被满足的消费者。

正是这些需求未被满足的消费者,他们才是"自下而上"攻击的关键。这些企业通常用更廉价、更成功的技术对市场领袖进行威胁。克里斯滕森把这种基于技术的创新称为"间断创新";这种技术,相对于占主导地位的正统技术,只是一种临时过渡技术。

《美食杂志》的间断性创新或许是照原文宣读的有声磁带,而不关注发行的大厨师的传记。或许存在一个有利可图的市场,毕竟人们在准备晚餐时,阅读和剁排骨二者无法兼得。

克里斯滕森讲述的故事似乎告诉我们,破坏性攻击取得成功的唯一条件是,在你的业务领域,是否有一种新技术被发现。你越是考虑风险怎样影响竞争,克里斯滕森所识别的这些威胁就越是无处不在。至少有一种方式,风险有助于挑战者攻击市场领袖。

通过这个例子,我们很容易解释风险影响竞争的最后一种方式。考虑一下,随着传记发行的增加,美食出版商必须更多地关注传记市场的各种偶发事件——风险。但是,对于这类书籍之外的发行商来说,并不需要考虑。

当然,挑战者必须习得新的市场风险。当传记业务量不大时,公司主营业务活动会分散传记市场的风险。这意味着,传记市场的新风险,对竞争者来说,不会增大公司的总体风险。也就是说,新业务不会提高公司的资本成本。

随着传记市场风险在《美食杂志》中的份额越来越大,它提高了公司的资本成本。用另一句话来说,《美食杂志》每扩展一份传记名单,必须支付额外的资金;而挑战者,只需支付其启动资本即可。

即使所有影响《美食杂志》和其挑战者融资成本的其他条件都是一样的,上述情况也是真的。当然,《美食杂志》额外的融资成本相对于挑战者面对的习得成本来说,只是小菜一碟。但从长期来看,它能够产生巨大的差别;在风险市场上,小的、多样化攻击的融资远比保卫市场中心地位要容易得多。[2]

风险智慧强化竞争的最后一种方式赋予了"间断攻击"新的含义。克里斯滕森的注意力集中在,挑战者如何利用新的或再次开发的技术——间断创新,来挑战经验丰富的市场领袖。这种挑战的最后结果远远不具有普遍意义。事实上,挑战者不是依赖间断创新,而是依赖间断机会。这种机会随时会出现,它间断地产生于挑战者的业务活动中,旧的风险会分散公司的新风险。

当然,作为市场的新进入者,挑战者必须消化风险习得的成本,这些成本是与他们进入市场的活动有关的。只要风险不是太大且无法分散,投资者是不会对他们作出惩罚的。这也是为什么美食杂志不愿意止步于传记市场现有成功的原因——它习得市场风险的能力不断提高。从长期来看,能够保护企业的东西,只能是培养出来的评估市场演化风险的优势。

第四章

总之,风险能够通过三种方式影响竞争。首先,竞争者能够习得市场领先者的经验。其次,就像克里斯腾森描述的那样,竞争者能够了解市场空隙中消费者的需求,而这种需求市场领先者没有时间去满足。

第三个原因被大大地忽视了。其他竞争者,因为与我们的风险非常不同,会涉足我们业务增长的领域,他们不会像我们一样去理解必须承担的风险。但是,如果这些新的风险与现有的业务没有关联,它们可能会更好地分散这种风险。我们唯一的保护就是确信我们能够比竞争者以更低成本习得风险。市场领先者有一个简单的选择:占据一个有利可图的市场,无人可以对之挑战,或者说领先。

风险组合的传递路径

本章最后的三部分将探索项目的生命周期和不同阶段的风险。在"每次精通一种风险"中指出,我们要根据自己能够习得的风险选择项目,并且按照项目需要的技巧进行投资。在"成功、增长和风险重力定律"中指出,项目的成长不仅影响公司的收入或利润,而且影响公司的总体风险。在"为什么间断的攻击并不总是需要间断的技术"中指出,彼此之间没有关联的业务,相对于业务扩张,能够以更低成本进行项目融资。不过,这些新项目在习得新的风险时,面临着冲销成本的问题。

当挑战者进入市场,开始争夺客户时,我们不能袖手旁观,必须持续不断地习得新的市场风险。但有时,对于有些业务,即使我们能够主导,我们也必须学会放弃。当挑战者能够像我们一样容易地习得风险时,我们可能要放弃这种业务。因此,我们经常要开发新项目,以防止旧的项目衰退。这会使我们重新回到项目生命周期的起点,将旧的风险抛在身后。

这就是说,要利用风险机会,我们不能等太长的时间。"每次精通一种风险"中指出,风险习得路径说明了没有一个团队在同一个时间能够开展太多的项目,而这些项目的风险都需要你去精通。在挑战者超越了我们在旧市场的领先地位之前,我们不能拖延对新风险追踪的行动。因此,我们必须建立一条"路径"来隔开我们需要习得与精通的新项目之间的风险。

风险"路径"正像新产品路径一样。风险追随着生命周期,经历不熟悉的阶段,掌握挑战的阶段,收获的阶段以及退出的阶段。我们选择不同的项目以便风险"路径"能够自然地匹配风险生命周期。我们不得不这样做,否则我们要么克服这种新的风险习得挑战,要么直面习得危机;这种危机会使我们输给那些更有效分析风险的人。

"路径"不是资产组合。我们建立风险资产组合,是因为我们可以从风险的相互平衡中受益,从风险的多样化中受益。但是,习得风险的生命周期迫使我们在"路径"中对它们进行排序,就像对新产品开发进行排序一样。我们必须这样做吗?

这两样,我们都可以做。在任何风险组合中,我们可以

第四章

　　确定每一种习得风险的生命周期阶段,清楚地看到在哪些方面处于习得的阶段,在哪些方面占据着主导地位,在哪些方面我们开始收获。这就是组合中的"路径"。

　　"路径"既可以运用于个体风险,也可运用于团体风险。处理个人风险的方式透露出我们对路径和资产组合的看法。毕竟,每个人都会在不同时间学习不同课程。

　　想一想一个从事运动的罗兹奖学金(Rhodes scholar)获得者和一个大学运动员之间的差别。许多运动员把他们的时间和精力全部用来对抗一项风险——他们的运动。如果他们无法达到专业水平,在贡献了人生的大部分的时间后,他们的职业选择机会很少。罗兹奖学金获得者却不同,他可以很好地平衡他的策略:他既有运动方面的竞技水平,同时在其他领域也非常成功。两者之间的差别似乎是罗兹奖学金获得者在学术和运动之间建立了一个风险组合。

　　但是,罗兹奖学金获得者的选择并不是一个短期的组合。如果他的第一种选择不成功,还可以选择第二种。在真实的组合战略中,罗兹奖学金获得者的处理非常灵活,他能够清楚地看到哪一种选择更有前途。为了给自己打下良好的基础,他在不同时间学习不同的课程。

　　可见,罗兹奖学金获得者对风险的管理跨越了整个生命周期,当他变老时,他能够迎接不同的挑战和风险。在他还能够轻松地在运动场上施展时,他培养了自己运动方面的技巧,同时他培养了另一种能够学习的习惯,帮助他在将来的生活中,在其他领域取得成功。这从根本上来说,就是一种

"路径"策略。

路径清楚明白地显示了我们是如何作出风险决策的，它并不是传统的资产组合概念的一个序曲。随着时间的过去，事实上，纯粹的路径策略构建了一个动态的风险组合。这种组合存在着一种张力，这种张力发生在风险评估技巧力度和其他风险的补偿程度之间。风险智慧和多样化存在着矛盾，我们必须明白它是怎么一回事。

在多样化和风险智慧之间的平衡

在风险战略中，总是存在着一个平衡的问题。一方面，不同的项目风险倾向于相互抵消，减少我们暴露在任何一种风险面前的概率。因此，如果其他条件不变，我们应该选择一组不同风险的项目。如果所有项目的成功都依赖于晴朗的天空，那么一段时间的坏天气就会击倒我们。但是如果一些项目需要温暖的天气，另一些需要凉爽的天气，我们在大多数情况下，都可以取得进步。

另一方面，我们对于项目风险的评估技巧也在不断改变。风险越是多样化，风险评估的效果越难以一致。在其他条件不变的情况下，我们更愿意选择一组自己更擅长的项目。因此，多样性也可能是一种缺陷。例如，我认识一位咨询者，他具有评估董事政治的天赋。他曾经在企业里任职，但总是找不到感觉。最后，他还是回到了咨询业，他的结论是，在整个企业，董事会的不确定性比普遍的管理风险要小得多。

第四章

当然了，能够找到不同的风险战略，自己在这方面又具有相当强的风险智慧，这是一件令人欣慰的事。但这种情况出现得太少。相反，我们最好希望自己不要卷入某个项目，而自己对其风险知之甚少。在风险战略中，我们碰上了其他类型的风险智慧与多样性结合，那又怎样呢？我们应该放弃多大的多样性，将战略集中于我们擅长的风险智慧上呢？为了更好的多样性，我们又应该牺牲多大的风险智慧呢？

这就像一个经典的商业银行信贷问题。银行倾向于将注意力集中在自己熟悉的商业领域。我们称之为"高风险智慧"战略。另一方面，银行会寻求贷款组合的多样化，这样使它们能够经受某些特定部门的低迷。这就是"高多样化"的战略。经营得好的银行在商业信贷上经常使用专业化与多样化的结合。

在这里，那些运用在银行上的东西能够开拓我们的思路。当然了，我们总是面对着两种挑战之间的一个均衡问题，这两种挑战是风险智慧擅长的专业化和风险相互弥补的多样化。但是，我们总是没有足够的信息来追踪最后的结果，也不能揭示这些风险是如何真正结束的。它只是一种情况，在这种情况下，我们只能担心，而且必须担心。

因此，我们需要一种工具，这种工具可以把风险智慧和多样化纳入我们的视野。让我们在风险战略中找到一种方法，勾画出它们的轨迹。

风险战略矩阵

我们如何勾画风险战略呢？在本部分，我会用一个 2×2 的矩阵展开讨论。你可能想知道为什么商业书籍的作者如此沉迷于这样的图画表达。毕竟，还有其他的方法能说明风险战略的变化。

但是，我这样做的原因有两个。第一，我的这种方法与波士顿成长矩阵——它被用来描绘产品成长战略，是 2×2 矩阵的鼻祖——具有重要的类似。第二，风险以一种独特的方式循着矩阵流动。矩阵有助于我们看到风险变化的轨迹。

矩阵是一个 2×2 网格中不同大小的点。那些点代表主要战略风险。这些风险对应着项目、问题、系列业务、主动权、决策、责任、课外活动、爱好、稀奇古怪的兴趣，以及任何带有不确定性的挑战。也就是说，我们可以把矩阵中的每一个点都当做一个项目、决策或者任务。

每一个点的大小具有两种含义。理想化一点儿说，与一个通用的标准相比，它反映了风险的大小。通用的标准指在一个置信水平下测算的风险值。通常来说，在这种情况下，结合项目的规模，能够求取风险的近似就已经很不错了。另一种测度方式，更适合于企业的内部项目，但是要花费更多的时间。

点的位置，自然地，依赖于两件事。垂直位置测度每一种风险与网格中其他风险的关联度；水平位置测度公司的风险评估水平。点越高，其他风险越是能互相弥补；点越靠右

第四章

边,公司关于项目的风险智慧越高。

这就是说,每一个风险战略矩阵都可以针对每一个人或者组织(见图4-1)。它也适用于像一系列项目之类的特定风险。

我应该强调一下矩阵是怎样显示风险生命周期的。我们经常对项目进行实地考察,确定它处于一个什么样的位置。如果它处在左上角,那就说明我们还没有任何特别的习得优势。但我们有潜力提高风险评估的习得速度,甚至把这种能力提高到最强的程度。例如,我们可以对公司的产品进行直接的营销调查。

图4-1 风险战略矩阵

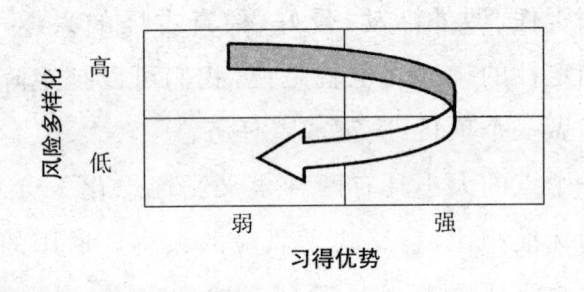

当我们认为可以在风险的某一方面建立习得或者信息优势的时候,我们可以投资于这种能力,比方说,建立一个风险管理数据库。在直接的市场营销案例中,我们可以雇用一些专家,或者自己了解这方面的知识。这样做的结果是,项目会向网格的右方移动,它反映了更高的具有一定比较优势的风险评估技巧。

如果项目成功了,那么涉及整个项目的每一个具体细节的风险将会成熟起来。这样,项目风险不再像以前那样能够分散总体战略的风险,它成为总体中的一小部分。例如,直接营销可能变成了整个公司的核心。只有那些问题,诸如新的直接营销管理条例,才会对公司的业绩具有实质的影响。为了反映这一点,风险好像在重力的作用下,下降到网格更低的右边。

现在,我们到达了一个新的位置,市场进入者正是在这个更佳的位置和我们竞争。毕竟,他们面对的风险比我们要少得多。因此,他们的其他项目风险可以对该项目风险进行分散。这个位置是我们建立新技巧的一个良好时机,这样可以防备万一项目什么时候变得没有吸引力。例如,我们可以把资源转移到财务管理上,可能在目前,它才与直接营销具有直接的关系。在网格中,随着其他人提高他们的风险习得或评估能力,风险滑向了左边。

雷曼兄弟公司的故事提供了一个具体的案例。作为一家证券机构,雷曼兄弟公司已经享誉几十年了,正是这家机构帮助航空公司实现了股份化。但是,在此之前的20世纪80年代,它经营的一些混合型证券产品并不顺利,他们的产品过多地暴露在证券市场的风险面前(图4-2的右下单元)。虽然它的并购业务(右上角)很强大,但是,交易的高潮和衰退开始导致企业收益总是在公司底线上下摇摆。在这种情况下,公司决定扩展它的固定收入如债券业务(图4-2左上角)。事实证明这是一次很好的转型——债券成为以

第四章

后十年的利润来源。

图 4-2　风险战略矩阵

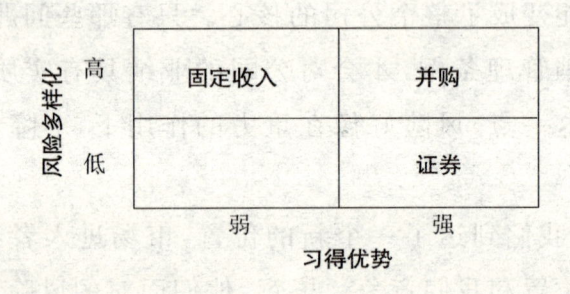

	弱	强
高	固定收入	并购
低		证券

风险多样化（纵轴）　习得优势（横轴）

菲斯特（Pfizer）公司提供了一个相反的案例。许多年来，投资者给公司施加压力，要他们扩充一种潜力很大的非常重要的药品生产线。自此，新型药品的测试和营销的风险路径开始产生。企业唯一的担心是不能找到另一种力普妥（Lipitor）——一种能够消减胆固醇的流行药品。因此，菲斯特建立了一个极端多样化的药品路径。

然而，许多这样的药品，在临床试验上都有很多麻烦。由于菲斯特在药理学的许多领域进行竞争，这些领域又涉及了不同生物的，甚至是管制方面的挑战，一些人认为，开发的结果难以预期。由于菲斯特太多元化了，所以它只有不断改变行动方案。后来，公司又开发一种名叫"拖斯坦皮伯"（torcetrapib）的新药，它可以替代力普妥。就像力普妥可以减少不好的胆固醇，相反，它能够提高好的胆固醇。这两种产品都是有利可图的一对。上面讨论中更重要的东西是，菲斯特在胆固醇药品市场丰富的经验非常有助于拓展拖斯坦皮伯这种新产品的服务。拖斯坦皮伯在菲斯特多元化的项目和力普妥之间填补了产品"路径"上的空缺（见图4-3右上角单元）。

雷曼和菲斯特之间的差别是，雷曼站在一个波峰上，同时需要拓展另一个波峰。网格用两个簇拥在右边的过时的风险反映了这一点。菲斯特是在危险中看清了力普妥——一种最佳的产品之一，对没有替代品的竞争者，逐渐失去了市场份额。它需要循着风险路径迅速转型。菲斯特路基的漏洞在网格中被显示出来，正是有了拖斯坦皮伯这样的产品，如果力普妥滑向左下方，菲斯特可以通过拖斯坦皮伯避免危机。

两个公司的境况和对风险的响应是不同的。但是，他们在风险战略中找到了相似的东西。他们在风险的多样化和发展风险专长之间找到了平衡。

图4-3 风险战略矩阵

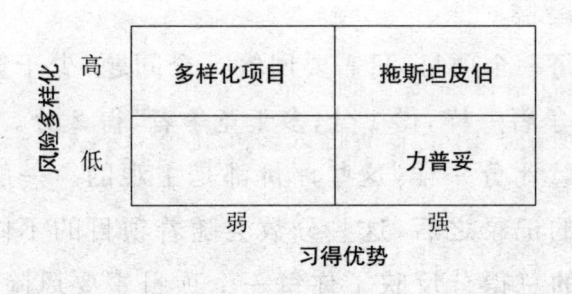

风险多样化	弱	强
高	多样化项目	拖斯坦皮伯
低		力普妥

习得优势

风险战略审计

风险审计一步一步地检查个人的风险或者组织的主要

第四章

风险是怎样相互匹配的。它对你的每一个风险战略提出问题,并在风险战略的范围内断定风险分散的程度。对其中的每一项,风险审计要求你给自己的风险智慧打分。

风险战略审计非常简单,也非常复杂。复杂的审计涉及风险相关性的统计测算,以及营运经理的风险智慧调查评估。简单的审计,可以躺在摇椅上,通过一张纸和一支笔就可以做出来。通过简单的思考,就可以有深刻的想法。

风险审计的有用性不取决于客观性。事实上,对于简单的风险审计来说,客观性是不可能的。我们可以断定风险分散的客观价值,而风险智慧评分内在地看是主观的。即使你能够使它变得更加客观,但也没有必要。真正起作用的是,与其他人的风险智慧评分相比,你的这项风险智慧如何。如果你是一个艰难的晋级者,那么在风险战略矩阵上,所有东西都要向左移动。反之,则向右移动。图4-4是风险战略审计的一个简单的例子。

风险智慧

对于每一个项目,只需要回答5个问题,少于竞争者,得0分;和竞争者一样,得1分;多于竞争者,得2分。就像单独的风险智慧评分一样,这些评价都是主观的。一般来说,在排除保存的记录之后,这些分数会随着项目的不同而改变。5个要素的总得分反映了你每一个项目主要风险的评估能力。

图 4-4 风险战略审计工具：投入

	项目 1	项目 2	项目 3	项目 4	项目 5	项目 6	项目 7	项目 8
总量：你获取主要项目风险信息的频率如何？ 如果取得一个项目，如果低于竞争者，得分 0；如果相同得分 1；高于竞争者，得分 2	0	2	1	2	0	0	1	0
相关性：信息与可能的风险动因的相关程度如何？	1	1	0	2	2	2	2	2
独特性：信息的不可能性程度如何？	2	0	0	2	1	1	2	1
多样性：信息来源的渠道是否足够多？	0	1	0	1	2	2	2	1
记录保持：其他人使用信息的难易程度如何？	1	1	1	2	0	0	2	1
项目的风险智慧评分	4	5	2	7	7	3	9	5
风险分散和项目大小：根据右边的回答给每个项目画×								
你期望项目回报总是随着总收入的变化而上下起伏吗？	×	×	×					
你期望项目回报有时随着总收入的变化而上下起伏吗？						×		
你期望项目回报的上下起伏总体上和总收入无关吗？					×		×	×
项目的风险分散	4	2	2	6	4	6	6	8
你期望在两年内项目回报占比总收入低于 1/10 吗？	×	×	×			×	×	×
你期望在两年内项目回报占比总收入在 10%—20% 之间吗？								
你期望在两年内项目回报占比总收入在 20%—30% 之间吗？				×				
你期望在两年内项目回报占比总收入在 30%—50% 之间吗？					×			
你期望两年内项目回报超过总收入的一半吗？								
项目大小的相对期望值	15%	40%	15%	5%	15%	5%	5%	5%

第四章

风险战略审计工具：组合视图

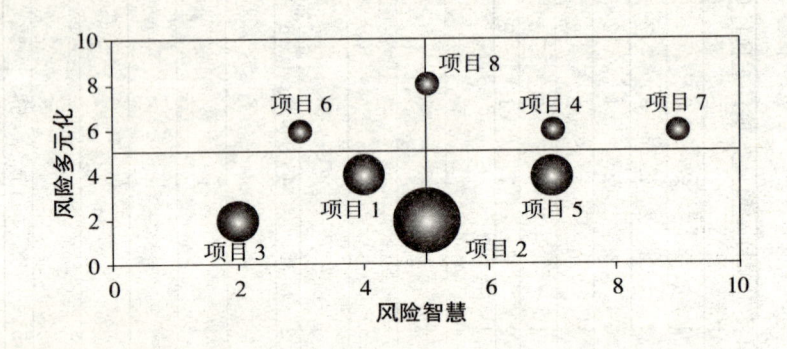

[图：横轴为"风险智慧"（0-10），纵轴为"风险多元化"（0-10）的气泡图，标注有项目1至项目8]

风险分散

每一个项目的风险分散评分主要采用多项选择的形式。将 x 画在四个答案中最合适的一个答案的旁边。

- 如果在风险战略中，项目风险与其他风险高度相关，选择第一个备选答案。例如，如果微软把新的办公软件与所有其他的办公软件放在一起进行评估，那么，从数学的角度来说，项目主要风险与战略的总体风险的相关系数大概等于 2/3。

- 如果在风险战略中，项目风险与其他风险有一点相关，选择第二个备选答案。例如，如果微软评估的一项产品与其他产品具有一定的差别，那么从数学上来说，项目主要风险与战略的总体风险的相关系数大概等于 1/3。

- 如果在风险战略中，项目风险与其他风险不相关，选择第三个备选答案。例如，如果微软突然转向信用卡领域，它要对此作出评估。那么,从数学上来说,项目主要风险与战略的总体风险的相关系数大概等于0。

- 如果战略中的其他风险产生负面效应,而项目风险产生正面效应,选择第四个备选答案。反之则亦然。对于微软来说,互联网服务的出现就是一个例子。从理论上来看,供应商的运气随着桌面应用程序的好坏而反向变化。他反映了相关系数是负的。

对于项目结果,如果可以得到足够多的数据,我们就可以把风险分散作为项目风险相关系数的倒数进行测度。项目风险相对于公司或子公司总风险的相关系数通常在0到1之间,1反映了完全相关的情况。这个数字的倒数将落在1到10之间,数值越高,风险分散程度也越高。这样,风险智慧的比较就变得容易了。但是别忘了,极少数的项目它们的值可能会超过10,它们的风险可能与总风险是负相关的。

项目大小

项目大小的测算仍然采用多项选择的形式。在这个例子中,对于不同的范围,有五个备选答案,它最好地反映了项目在两年内所花费的资源或带来的收益,及其这些指标所占的份额。这些范围是0%－10%,10%－20%,20%－30%,30%－50%,或者50%以上。

第四章

更加精确的审计

　　风险战略审计中,一个提高判断客观性的相对简单的方法,是调查一些雇员或者管理人员的想法。公司作为一个团体,它们的风险评估技巧的能力会比任何单个人的观点更准确一些。[3] 除此之外,风险智慧的四个要素都是量化的,并且客观上是可测度的。准确测度相关性的内容曾在第三章的最后一部分讨论过。[4]

　　风险战略审计运用在一个公司的主要业务领域时,还不能提供公司战略的整幅图景。但是在大多数情况下,它们能够告诉你公司战略错失了什么,也就是它的风险特性。这些风险特性正是增长特性的另一面,是大多数公司所要实现的目标。

谁应该负责风险战略审计

　　任何负责公司盈亏预算的人都可以负责风险战略审计。由于许多人都要对公司内资源的调配作出决策,因此其潜在的应用范围要比实际应用宽泛得多。这种审计甚至可以运用到重大家居改进项目或者孩子们放学后的活动中。下面是一些具体的例子。

- 营销团队的领导与执行人员可以运用风险战略审计,根据销售人员的销售技巧和他们对不同产品和地区风险的处理能力,来配置销售地域。审计人员可以把每一个可行的销售人员—地域组合作为一种方案进行策划。他们倾向于把高技巧的市场销售人员和地域与高度集中的风险组合在一起,要么成功,要么失败。或者说,对于那些销售风险作为一个整体难以分散的市场,他们倾向于把高技巧的市场销售人员和地域与高度集中的风险组合在一起。

- 营运领导和生产部门经理可以把风险战略审计作为他们季度或者年度工作改进周期的一部分。这在项目结果不确定、需要咨询人员帮助的情况下,特别有用。
- 信息技术小组可以像营运经理一样,运用风险战略审计对风险项目进行排序。在有问题的领域,这种审计可以使用风险智慧来比较自身与外部咨询人员之间经验上的差别。
- 质量控制领导可以用风险战略审计进行每年的质量控制,它可以用来代替任何指定的运营或金融程序。风险战略审计既要与每年的《塞宾斯—奥克斯利法案》(Sarbanes-Oxley)需要的充足资金控制保证相一致,也要与反对虚假财务报告委员会(Committee of Sponsoring Organizations,COSO)所要求的年度经营控制框架没有冲突。在这里,战略审计把每一种程序质量的潜在威胁都作为一个项目,既能评估程序所有者本身估测风险的能力,也能评估风险在多大程度上分散了质量控制威胁的风险。审计能够识别控制的结合,保证最佳的加工质量和效率。

第四章

- 采购主管可以运用风险审计在一个不断变化的基础上评价供货商。审计把每一个潜在的供货商作为一个采购方案,对其风险智慧和风险分散能力进行评价。在这里,运用风险智慧可以把公司本身情况与其他买主相比较,以了解公司对供货商的熟悉程度。同时,它把风险分散看做是卖主对公司流动性的一种提高。这两个因素一起测度了公司对每一个供货商管理的好坏,以及公司对每一个供货商的依赖程度。

- 研发团队应该使用风险战略审计每年对新产品"路径"中的风险进行重新评价,确保新产品中的风险平衡。这些审计工作能够纠正研究中出现的零散的问题,确保健康多元化发展。

- 法律顾问和审计团队每个季度或年度都要使用风险战略审计来判定,他们必须减少哪些营运风险或者声誉风险。这方面的一个例子是,企业要预防消费者无意识地使用那些具有潜在风险的产品。这里,我们要重新强调它与风险智慧的差别,风险智慧是指公司对任何还没有被削弱的风险的评价能力。这类风险,对于那些拥有良好风险智慧的企业来说,他们不需要采取太多的预防措施。

- 财务主管、财务控制人员和财务主管在年终的投资者和评级机构会议上,可以运用风险战略审计来说明他们是如何利用它来管理收入的流动性的。这里,每一项业务都被看做是一个项目。

- 总经理和公司战略人员,当然可以用风险战略进行审计了。他们可以直接将它运用在业务拓展中。这是审计的一种最基本的功能。下面,我们可以对它进行更具体的阐述。

风险战略审计是如何来完善波士顿成长份额矩阵的

在20世纪70年代晚期和80年代早期,波士顿咨询集团公司(BCG)开始对麦肯锡公司在战略咨询方面的主导地位形成了挑战。BCG并不非常秘密的武器就是成长份额矩阵分析法。运用这种方法,你可以很容易地抓住公司的业务主线。也正是这个原因,你可以待在家里,在书架旁边,根据业务或项目主线,利用自己的相关技能,估算每一个项目的成本、收益和前景。BCG把市场成长作为项目吸引力的一种简单的测度。至于相关的技巧和竞争力,BCG同样使用市场份额矩阵;他们的基本理论是,更多的市场份额意味着更低的单位成本。

依据部门的成长性突出企业的主营业务和市场份额,BCG的这种想法还是具有启发意义的。它能够让你追踪主营业务的自然生命周期。怎样通过市场成长和市场份额帮助追踪产品的生命周期,柯达胶卷则是一个很好的例子。

柯达胶卷开始是一家生产无定形干胶胶片企业,占据了一个成长率很高但市场份额很小的光学市场。受到它自己推出的手持可折叠相机的激励,柯达生产的胶片业务开始起飞,在80年代的大部分时间,它以两位数的速度增长,并且占据了大部分市场份额。后来,随着市场增长速度放缓,日

第四章

本企业乘机侵蚀了柯达的胶片市场份额。现在,柯达正在逐步退出感光胶片市场,将精力集中在数字和成像领域。经过这个周期,胶片在柯达的整个业务组合中不断地改变着自己的角色。

BCG可以利用市场成长份额的不同组合,帮助它的代理商考察一系列的业务前景。它的想法就是,在可能成为市场领导者的领域进行投资;在已经领先但正在下滑的市场中收获;避免既不领先又没有成长性的业务市场。

但是,成长份额只是讲述了有吸引力的主营业务故事的一半;风险则是另一半。在过去很长的一段时间里,我们的思考终于得出了一个结论,那就是,风险生命周期内涵于公司的行动方案中。风险战略审计勾勒出的风险战略图画完善了成长份额矩阵。

让我们把成长战略和风险战略审计放在一起看一看(见图4-5)。它们有三个共同点:第一,我们相对于竞争者能够发挥作用的技巧;第二,我们的行动方案有一个自然演化的模式;第三,我们随时准备填补"路径"中的产品缺漏。

图4-5 风险战略矩阵与成长战略矩阵

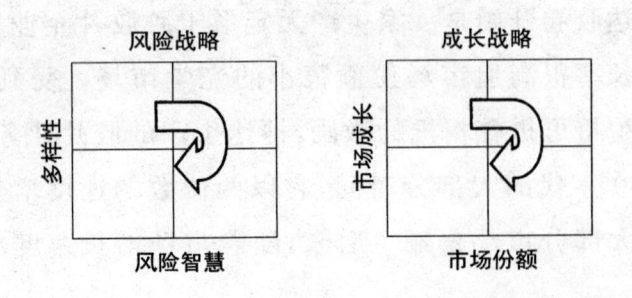

图的纵轴测度了行动方案所涉及的范围,这些行动方案大多是不可控的,我们不知道它在多大程度上能够分散风险和实现潜在的市场份额的成长。横轴测度了那些我们可以部分控制的情况:我们评估风险的能力和我们的市场份额。它这就像一个拨号盘,随着风险的转移,我们的行动方案也必须变化。在其他都一样的情况下,我们更愿意处于右上角的单元格中。在这些代表战略的网格中,没有什么是静态的。

从风险战略和成长战略两方面来看,行动方案的改变倾向遵循我们自己熟悉的模式。对风险战略模式,我们已经讨论过了。但是,通过对最初的成长份额矩阵进行的考察,我们发现,它的行动方案、主营业务和项目都遵循市场成长和市场份额的自然模式。新的行动方案通常都是出现在高成长的部门(左上方)。公司在这块领域投资,目的就是拓展市场份额(右上方)。随着时间的流逝,市场份额下降(右下方)。最后,企业退出(左下方)。

从理想化一点角度来说,在成长份额矩阵中,我们总是希望有一个结合了市场份额和市场成长的行动方案。我们也总是希望这个行动方案不仅风险智慧高,而且风险分散的程度也高。为了满足这一点,我们必须保证行动方案路径在每一个环节没有疏漏。只要网格上端出现空区,我们就要开发新的项目去填补它。

不管怎样,成长战略或风险战略总是会显现出来,但如果我们仅仅只根据风险中的一个环节来配置资源或者决定

第四章

优先的行动方案,那将是很危险的。在整个2001年,大多数风险投资家在技术部门就是这样做的。

典型的风险资本组合不可避免地会有成长战略,它们的成长份额矩阵证明了这一点。这些投资都发生在互联网和软件行业,都是高成长的部门。由于将互联网和计算机运用到传统部门中,这种商业增值模式的推广使许多投资在新兴市场中一开始就占据了主导地位。

大家没有认识到的东西是,风险战略深深地植根于风险资本组合中。当每一个企业的成长战略显示出光明的前景时,每个企业的风险战略矩阵都展示了一幅严酷的画面(见图4-6)。因为这些组合不是多元化的,它们的投资都集中在风险战略矩阵的底部。并且,由于这些技术专家正在面临传统经济,他们就不得不面对新的风险。对于这些风险,传统竞争者比他们的理解要更为深刻。因此,风险跨越了左下单元格那一栏。这是一个毁灭性的位置,所有发生的情况都可能是毁灭性的。

图4-6 风险战略矩阵与成长战略矩阵

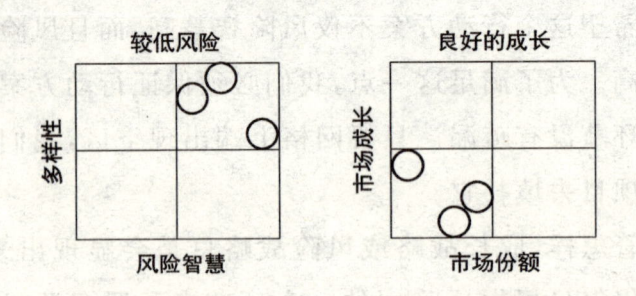

四季型风险战略模式

如果风险路径的理论是正确的,那么最稳健的风险战略就是要在风险战略矩阵中,表现平稳,没有明显漏洞。这种战略有两种类型。第一种类型是收获与播种模式。在这种模式中,企业对业务相当熟悉,但是风险主要集中在一种业务上。微软可以算做这方面的一个例子。矩阵显示出,它的主要业务具有很高的风险智慧,但是多元性不强(见图4-7)。

另一种类型是哺育模式。在这种模式中,企业产品从企业的原有产品群中脱颖而出,并且逐步占据市场主导地位。苹果公司的iPod产品就是一个很好的例子。它的矩阵表现出高风险智慧和高多元化的行动方案(见图4-7)。

图4-7 风险战略矩阵与成长战略矩阵

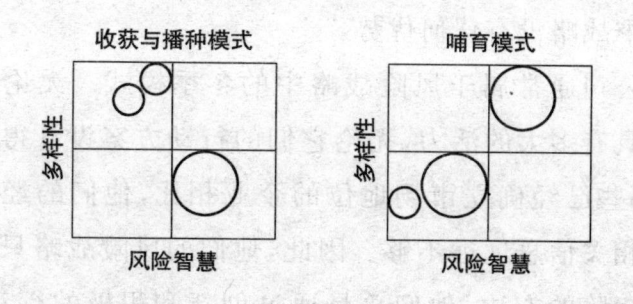

上述战略带有明显的弱点,这些在图中也清楚地显示出来。不平衡的风险战略,常常伴有很大的突破口,是否把它们置于风险"路径"中,取决于它们所处的位置。这只是一种

第四章

简化，但是它告诉了我们很多信息，我们需要做什么来确保公司业务组合中——或者是你个人的项目组合的风险战略达到平衡。

这些风险战略的弱点非常具有特色，我们把这些战略称之为"冬季"、"春季"、"夏季"和"秋季"战略。每一种战略与风险战略突破口的位置相对应。用季节来称呼只是为了方便记忆，根据突破口的特色，我们循着风险战略矩阵顺时针方向给它们命名。

- 冬季战略：缺乏优势（主要项目的风险智慧不高）；
- 春季战略：缺乏焦点（主要项目多元化程度高）；
- 夏季战略：缺乏成长性（尝试性项目风险智慧高）；
- 秋季战略：缺乏后劲（主要项目的多元化程度不高）。

冬季战略

冬季战略没有任何优势。

新公司通常属于风险战略中的冬季模式。无论它的管理团队具有多大的活力，无论它们的行动方案设计得多么完美，与那些已经确立市场地位的企业相比，他们的经验和所需要的相关信息远远不够。因此，他们的风险战略只能出现在风险矩阵的左边，他们总是通过创新和积极的行动，设法克服这种劣势。

一些老公司很容易恢复到冬季战略的位置。以多样化技术为主的公司具有这种倾向。他们在很多市场上，难以与技术保持同步。例如,索尼现在就发现自己处在冬季战略的位置。视频游戏太富于变化了,任何竞争者都不容易维持风险评估方面的优势。索尼没有像一些小公司如苹果,保持在消费电子产品领域里的优势,也没有像松下在电视显示器方面拥有技术人员的优势。在涉及创新的领域,索尼似乎总是表现得力不从心。结果,它的业务总是处在不断的多元化状态中,缺乏占风险智慧主导优势的产品。

风险战略和通常的偏好之间有一些相似,前者反映了公司学习生命周期的差距,后者反映了个人的一种学习风格。例如,一些学生涉足了某一种课外活动,但是自己又没有掌握它,这种情况就类似于处于冬季战略位置的企业。新的挑战令人兴奋,但肤浅的涉猎达不到满意的效果,又令人沮丧。我们当中大多数人都要花足够的时间在至少一种活动上,这样我们才能享受成功的喜悦。

处于冬季战略模式中的公司或子公司的补救措施与处于冬季战略位置的学生没有什么不同。那就是,需要设计一个好的行动方案,投入时间和精力,发挥特长,形成良好的习惯,培养不确定性的习得能力。这就会使冬季战略向春季战略转化。

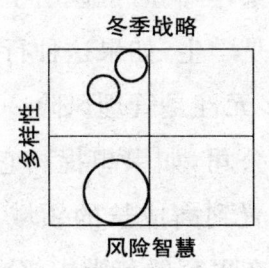

第四章

春季战略

春季战略缺乏关注的焦点。

不考虑集团公司在某些特定领域里的专业优势,由于它们的风险变化多样,因此集团公司的风险战略通常是春季战略。与此相一致的是,公司的业务部门和行动方案都会出现在风险战略矩阵的上半部区域。既然多元化减少或分散了总体风险,那么多元化对公司来说就是一件好事。只不过,企业在追求多元化时,牺牲了特定风险的专业或习得能力。

有时,多元化是企业弱点的一个信号。当雀巢公司在全世界取得成功时,它的品牌和组织结构却发展到了一个临界点,内在的一致性受到破坏。这就必须考虑产品计划和市场战略的灵活性。但是,这种灵活性又妨碍了雀巢通过全球冠名、人才和资源的配置来获取至关重要的机会。由于拥有了灵活性,雀巢不与任何产品和市场冲突,获得了春季战略的收益。现在,公司正在致力于开发更多的产品系列。

一个追求广泛课外活动的学生与春季战略相似。这确确实实是一种健康的迹象,但同时也说明了这个人的注意力不够集中。不论是公司还是学生,如果这种行为没有掩盖选择和追求机会的意愿,那么多元性是管理风险一种很好的方法。

实施春季战略的公司,如果想提高它们的集中度,不可避免地要将资源集中配置到高成长的领域,在这个领域,它们享有高的风险智慧。这在更窄的范围内,公司面临的风险就提高了。但是，对于这些风险，公司会领会得更好，而不是像以前只是知道得很多。成功做到这一点的企业，将会使春季战略转向夏季战略。

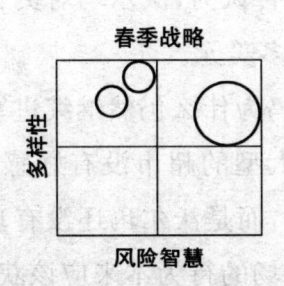

夏季战略

夏季战略缺乏成长性。

具有夏季战略模式的企业，通常在业务细分市场中占有优势。不管它们是高成长还是低成长的企业，它们在选择竞争的领域时，总是显得很保守。他们坚持自己的计划和方案，并且只有他们熟悉的东西，才能执行得很好。这就提出了一个问题：尽管他们对业务理解透彻，但是当市场已经无利可图时，应该用什么业务来替代现在的业务呢？在风险战略矩阵中，他们的业务都出现在右边，在左边低风险智慧的实践活动中，他们基本上没有业务活动。

在主要市场上，情况发生变化时，这种风险模式非常脆弱。具有这种风险模式的企业通常处于市场的高端。例如，沃尔玛排在《财富》杂志最受尊敬的企业排行榜上，连续几年榜上有名。在大多数业务领域，沃尔玛都是处于世界领先。但是，它现在的成功也妨碍了其进一步的发展。

第四章

沃尔玛努力进军新的国家和美国郊区,与地方土地发展规划和工会产生了史无前例的摩擦。这甚至引起了不受欢迎的政治关注。2004年,一份来自众议院议员乔治·米勒(George Miller (D-CA))的报告认为,沃尔玛对员工的低工资支付每年每人花费公众2 000多美元。[5]

既然如此,沃尔玛为什么仍然继续进军新的市场呢?在这些地方,人们对这种大型的超市没有好感,或者工会的力量很强大。问题不在这里,而是沃尔玛还没有真正经历过其他形式的竞争。这种扩张市场的行为本来应该获得更大的业务,但是公司却从来不注重发展与顾客或工会摩擦进行调节方面的专才,也不注重积累这方面特殊的学习能力。事实上,公司并没有因此而创造新的增长点。

那些具有特殊的运动、艺术或者智力天赋的孩子们,他们在个人学习中展现了类似夏季战略模式的偏好。他们喜欢把注意力放在他们擅长和学习得很快的事情上面。但是,什么时候,你会要求孩子们全力以赴,努力成为一个交响乐钢琴手或者田径运动方面的全明星呢?毕竟,一次肌腱受伤或者艺术口味的改变都可能毁灭一个刚刚出头的天才。问题不仅仅是我们应该有一个后备计划。问题是那些类似夏季战略的孩子们,他们与企业界中企业的成功不一样,这些企业一旦抓住了一个好的业务项目,成功使它们难以回头;而对于孩子们来说,他们必须学会怎样去学习那些对于他们来说很困难的东西。探索对于每个天才来说,都是很困难的。

夏季战略

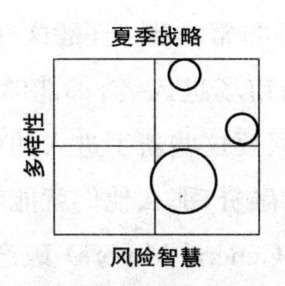

多样性　　风险智慧

实施夏季战略的公司必须强迫他们不能够在成功面前止步。没有人能够这么做：股东本可以欣享股价上涨获利，在股价下跌时抛售，但是他们仍然不能这么做；消费者即使被服务得很好也不能这么做；对于公司的成功直接负有责任的董事会也不能这么做。只有负责营运的领导层可以改变公司的走向，只有他们具有在公司的事物上打下自己烙印的欲望和能力。

秋季战略
秋季战略缺乏后劲。

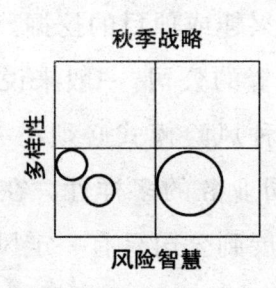

秋季战略

多样性　　风险智慧

实施秋季战略的公司总是处于麻烦之中。传统的成长分析和市场份额分析无法表明这一点。这种威胁潜藏在业务风险之中。在公司风险战略中，秋季模式所反映的风险就是，尽

第四章

管公司对风险的理解非常透彻,但是这些业务风险太过集中了。即使是一个新的市场进入者,都能够对公司进行攻击,就像前面讨论的那样,只要这些新手进入的市场面小、多元化,而且能够以低成本进行融资,那么他们就能够做到这一点。

关于通用汽车(General Motors)破产,分析家们写了很多这方面的报告,就我来看,其原因是它的风险战略吻合了秋季模式。通用的全面市场覆盖保证了它的多元化,但是公司的利润最近太过于依赖大型车的销售,包括应用型车辆的销售。税收的增加或国家对这种大型车辆的管制对通用汽车构成了灾难性的打击。它目前最缺乏的是能够创造利润的业务,而不是那些风险。

与此相类似,具有秋季战略的人,常常是一个单面手;不像夏季战略的人,他们没有卓越的激情去调整自己的错误。此时的危险不是个人或公司过多地忘却了怎样去学习,也不是忽视了自己潜藏的激情。秋季战略是一个信号,它表明了个人或公司已经停止了对新的兴趣或项目的挖掘。

处于秋季战略位置的公司,一般来说,必须重新启动内部业务发展的引擎。这种风险模式必须在一定程度上牺牲风险智慧,正确地拓展公司业务的多样性。在许多这样的例子中,业务的多元化应该扩展到公司具有一定风险评估优势的领域。菲斯特就是这样做的,我们已经见识到了。

对于秋季战略,一个运用得更加广泛的补救措施是,将这些业务扩展到在地理上远离国内市场的地方。比方说,在中国这样的市场进行投资,通过这种方式来消除秋季战略中潜在的威胁。

上述情况是针对风险智慧倾向的一个例外,作为一种战略考虑,它主要是为了平衡公司业务的多元化。本章最后部分,例如把风险智慧作为一种保障,用来防止企业无原则的多元化。利用多元化的动力理论,"风险和商业周期"一文提出了一个问题,即是否风险智慧动力能够帮助解析工资刚性和经济衰退。

收购和无原则的多元化

风险战略审计的一个最重要的运用是在企业收购方面。公司的总体发展——和公司针对性收购只能在我们熟悉的领域被很好地测度。在遭遇到收购风险时,我们所能测度的东西可能是与我们能够管理的主要风险之间的关联度。但是这种行为会导致对多元化的估价过高。不过,当一个公司感受到增长的压力时,收购行为会成为一种偏好。在大多数收购中,多元化是唯一容易被测度的风险特性,当我们把增长的压力附加到这一事实上的时候,无原则的多元化就会出现。

在公司的发展中,风险战略审计提供了一种长期的对无原则多元化进行校正的方法。通过明确地测度一个公司实施收购时掌握风险的能力,在对备选方案进行评价时,我们可以将关键性的风险评估方面的竞争力整合进多元化的收益中。在风险战略矩阵中,你不必为了使风险朝上方发展,而对那些非常靠近左边的风险增加额外的业务。公司不应该变成一个共同基金,风险战略审计能够帮助你避免这种诱惑。

第四章

风险和商业周期

　　随着公司的成功,它们对风险生命周期的处理能够解释商业周期。这是因为,一家公司,当它启动一项新的项目时,它们对风险的理解远不及那些老牌的公司。这种情况在经济衰退时出现,这些公司不会愿意接受一种低工资的制度。如果公司觉得支付给新员工的工资,甚至在经济衰退时,必须与老员工一样,那么它们就会预期新员工只能具有低的生产率,结果是,企业不愿意雇用更多的员工,经济衰退也就无法自我纠正。这一观点可以分为三个部分。

　　首先,意图进入新领域的公司,在相关的风险方面,风险智慧并不高。到现在,你应该知道原因了吧。不同的习得风险有不同的原因。不同的原因需要不同的习得能力。风险习得的技巧和我们必须处理的风险一样,纷繁多样。因此,在一项新的行动方案背后,我们无法预期自己是否会非常擅长挖掘风险动因。

　　第二,这也是观点比较新颖的一部分。那些在新领域正在成长的公司,它们的风险智慧不高,因此在劳动力市场,对于降低员工工资的补偿差价,经常会犹豫不决。如果它们和那些老牌公司一样能够理解新业务的风险变化,它们就会明白哪些备选条件可以解决工作中的问题。但是,往往新公司不知道这些情况,即使它们了解这些情况,也不会有足够的自信。它们总是担心差价太低会给经理人员带来过多的压力,经理们因为习得的速度不快,以至于无法赶上市场领先者。

例如,假如你经营两家专做芬兰食品的饭馆。但是你会担心这会是秋季战略,它会让你过多地暴露在风险面前,这种风险就是你将很容易面临城镇居民吃腻了芬兰食物的情况。于是你决定采取多元化战略,开个酒吧,即使经济正走向萧条也在所不惜。你的商业经理告诉你可以给酒吧招待员支付现行工资的80%,雇用5个人。但是,由于你不知道一个好的招待员是什么样的,所以你不想吓跑市场中最好的候选人。因此,你决定用正常的工资来雇用四个人。

第三部分的观点简单易懂。在萧条期,公司的生产要素不可能生产出与经济快速增长时相等的产量。如果可以的话,就不能称之为萧条期。在萧条期,即使新雇员的劳动生产率不高,他们也要给新雇员支付正常工资,不过他们将只能雇用较少的雇员。

结果证明这些雇员正好是萧条期至关重要的那些雇员。新证据表明,在萧条期,失业现象令人惊讶地长期居高不下,趋于下降的是受雇者占求职者的比率。[6]我们推测在萧条期公司试图通过内部调配来填补旧职位的空缺是合理的。如果这样的话,这就意味着,当有更多的人寻找工作时,企业内的补偿供给机制会对新雇员给予补偿,从而阻止了工资向下调整。

由于相对低的风险智慧,新商业雇主可能害怕他们在人才市场上雇用更多的求职者时处于不利地位。他们更加担心的情况是,它们所支付的工资比这一领域的老企业所支付的工资更低。

第四章

　　那么，那些已经熟悉这一业务的公司为什么不用他们的高风险智慧来剥削这个人才市场呢？可能是因为他们现有的雇员工作努力，想通过它来确保得到萧条前的工资。如果这样，公司与在人才市场上以低的工资水平雇用新员工将会带来公平性的问题。

　　这意味着当新雇主害怕其他公司可能比他们能更好地理解市场时，他们不会在人才市场上进行强烈的讨价还价。用另一句话说，这也意味着雇主对于风险智慧的原始直觉的担忧，可以解释商业周期。用更传统的经济术语来说，它表明信息不对称，不是雇主与求职者之间的，而是雇主与新商业领域中的竞争者之间的不对称，这也可以解释导致周期性失业的"粘性工资"。

　　风险智慧在商业周期中扮演着这样的一个角色吗？这意味着在经济增长率低、充满风险的经济环境中，你难以找到那种极度繁荣又严重衰退的大周期。但是你可能会在一个快速增长的经济环境中——这个经济在某一领域需要新资源、新型劳动力、技术和知识，找到这种商业周期。由此看来，不只在严重资本化的经济中劳工合同的固有天性会产生粘性工资，雇主的意识和他们技不如人的恐惧也在其中起着推波助澜的作用。

第五章　构建适应风险的关系网络

前两章的论述表明,把握可习得风险才是真正的难题所在。在某一新领域识别可习得风险时,我们遇到的障碍通常是,不清楚自己所掌握的信息是否比别人多？现在提出这一问题恰逢其时,现有的技术可以帮助我们追踪记录我们从实际风险中获得的经验,这一功能意义非同寻常。这意味着,在实际风险习得中,如果遇到妨碍成功的不利因素,我们可以借助技术,找到可行的解决方案。

这样,在我们寻找问题的解决方案时,只需要依据两点进行选择:对可习得风险的理解和技术追踪记录的指标比别人更好。如果两种方案的预期回报相同,我们应当选择具有风险智慧优势的方案。然而,这不是问题的全部,毕竟公司和个人一样,都不是彼此孤立,而是相互联系的。那么,商业和人际关系网络如何影响我们的风险思维模式呢？

既然如此,在选择行动方案时,关系网络会影响我们决策

第五章

吗？关系网络能够分散风险，对协作双方彼此都有好处，那么在关系网络中，我们扮演的角色是否不一样呢？

商业和人际关系网可以让我们超越自身的局限，但是可习得风险仍然要求我们权衡竞争者们的能力，这有助于了解潜在商业伙伴的需求，使我们具备战术上的优势。

本章提出了一种分析工具——风险角色矩阵。它阐明了在商业和人际关系网络中，什么样的角色适合处理什么样的风险；该工具的重要特点是它表明了，关系网络中相伴生的各种角色与不同类型的随机风险和可习得风险相对应。在研究随机风险时，我们首次发现了系统优势和系统劣势，因为商业和人际关系网不仅可以在评估风险方面助我们一臂之力，而且还可以更持久有效地管理和减少风险。

同时，风险角色矩阵提出了一个新问题，即围绕随机风险，市场会出现哪些类型的陷阱。这个问题不能回避，毕竟大多数的项目、解决方案和决策都同时包含随机风险和可习得风险。现在，风险处理能力的重要性日益凸显，不管是投资机构召集的会议，还是董事会关于公司增长战略的演说，都会如此提及，因此这一问题的解决已成为当务之急。

美国、欧洲和日本的企业逐渐认识到，全球未来的经济增长大多来自新兴市场；他们正在摩拳擦掌、满怀信心地准备迎接那些骇人听闻的、未知的风险。如果未知风险是一种随机风险，这到底是福还是祸？回答这一问题需要借助风险关系网络的概念。

对此，本章认为，关系网络自身的差异能够分散特定的风险,为相关业务带来持久的优势。如果考虑到我们在各种关系网中所扮演的最佳角色时,这一点就体现得尤为真实。现将四原则总结如下:

原则1:识别哪类风险是可习得的。

原则2:识别哪类风险可以最快地习得。

原则3:将风险项目按"习得路径"排序。

原则4:利用商业伙伴关系网管理所有的风险。

关系网络与风险生态

本书前面的章节涉及了如何处理未知风险的问题。它主要包括两个步骤。首先,将项目风险分解成可习得风险和随机风险;其次,创建可习得风险的学习路径,这个路径必须保证你能够比其他人更快地掌握这种风险。

可习得风险如同竞争一样,有时我们百思不得其解,但仍然必须面对它们。因此,可习得风险的关键问题是,我们能否建立一个关系网络,它可以辅助我们管理风险,或者借助关系网络,弥补我们某些方面的劣势与不足。

对于随机风险,任何人也不能作出最佳的评估。尽管你可能一丝不苟地按照风险原则行事,但仍会被那些更擅长整合资源的竞争对手所打败。因此,在学习能力相差无几的情况之下,能否建立一个具有管理系统风险优势的关系网络,就成为对抗随机风险的关键。在这当中,最稳定的差异化要素就是联盟。[1]

第五章

但这种联盟并不是一种随意松散的联盟;考虑到某些风险可能阻碍重大的成长机会,因此这种联盟需要目的明确的一群人和企业构成伙伴关系网络,共同参与到某项事业当中,来保护我们或者保护其他特定群体免遭风险。除非你拥有无数忠诚可靠的朋友,否则就应该慎重决定:对于特定风险,何种类型的关系网络能够奏效,你在其中应扮演何种角色,问题的答案还取决于风险的性质,以及你和其他人承担的风险如何发展。两种风险角色要素(risk-role factors)会影响风险发展的方向。

第一种要素是风险分散的程度问题。例如,你可能正估测公司是否应该购买一项新的燃料电池技术,该技术使用氢气作为燃料。但是你不知道氢气价格变化对新业务的影响,即价格是一个无法确定的随机因素。无论怎样,这个因素会对公司其他业务的收益产生一定程度的抵消作用,在此我们需要确定氢气价格的风险抵消或分散其他风险的程度。

第二种要素是风险承担的范围问题。假设其他的公司也正准备购买燃料电池技术,那么氢气价格风险将在更加宽泛的范围内扩散于整个经济体中。虽然如此,你仍然要谨慎地考虑氢气价格风险对收入影响的不确定性,不过你也要明白,其他公司如你一样,也从未经历过这种风险,他们也面临同样的不确定性。

当越来越多的公司的收益受到氢气价格波动的影响时,投资者们将无法轻易地通过分散风险投资来避免其他相关风险,这会使投资者对公司收益中的氢气价格风险非常敏感;由于投资者们无法再对风险进行分散处理,他们需要更高的回报。

构建适应风险的关系网络

这两种风险角色要素决定了项目的地位,以及在面临选择时个人或公司在风险系统中的行为和决策。风险生态是由客户、供应商、同事、家庭成员、竞争者、联盟以及其他受相关风险影响的组织构成的关系网络。某个项目在风险生态中的地位取决于项目主要风险中两种风险角色要素的数值。

第一种要素是风险分散能力。风险分散能力高的项目让你在风险生态中能够分散其他相关群体给你带来的风险。如果你所面临的大多数风险反映了经济发展而非商品价格的不确定性,那么某一项目,如果它只是受到氢气(一种商品)价格变化的影响,此时它就可以帮助你分散整体风险。你的顾客或供应商同样面临氢气价格变化的风险,在与他们交易时,你甚至可能处于更加有利的地位。到现在为止,我们对风险分散能力不应该再感到陌生;在第四章的风险战略审计中它占有重要的一席之地。

然而,第二种要素是全新的,它反映了项目风险与股票市场的相关联程度,我们称之为市场集中度。因为投资者们无法分散与市场相关的项目组成部分的风险,所以具有较高市场集中度的项目会得到较高的利润。

为了具体理解市场集中度的概念,再举一个例子。假设有两个项目:销售定制化的汽车和创造革新性的风向标。汽车项目可能与经济增长高度相关,因此具有许多市场相关的风险。后者也是极具风险性的项目,但与整个市场风险的关联似乎较低。汽车项目由于其市场集中度高,因此可能获得更高的利润,并且其利润涨跌趋势可能与其他同类投资呈现出相同的特

第五章

点。

我们要尝试揭示风险项目如何适应整个风险生态,了解风险分散能力和市场集中度的相互关系,搞清楚为何这两种要素会影响到关系网络。

利用风险角色矩阵,通过关系网络管理风险

为了降低未来极具价值的项目中的风险,需要借助哪一类关系网络,这取决于风险分散能力以及市场集中度。前者反映公司的其他项目如何分散风险;后者反映其他多少公司正在承担同样风险。

图5-1显示的是利用两种要素组合,确定你在关系网络中扮演的角色。它适用于任何类型的风险;但对于随机风险而言,风险角色大概是获得永久优势的唯一途径。

图5-1 风险角色矩阵

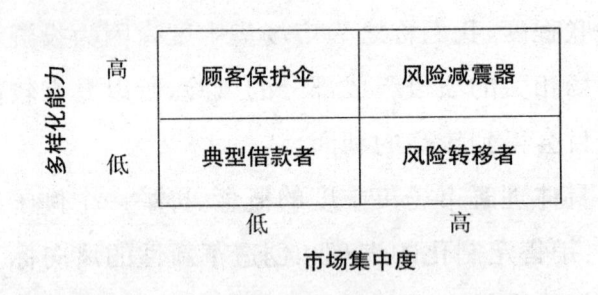

多样化能力	高	顾客保护伞	风险减震器
	低	典型借款者	风险转移者
		低	高
		市场集中度	

如果项目中的风险能够被个人或组织分散,那么它就处于矩阵的上部,否则就落在矩阵的下半部分。因为它与上一章中的风险战略矩阵非常相似,因此看起来有点似曾相识。和风险

构建适应风险的关系网络

战略矩阵一样，风险角色矩阵是专门针对个人或公司风险而建立的，其他个人或组织虽然拥有相似的项目，但他们的风险体现在矩阵上的位置可能差别很大。

纵列不同于风险战略矩阵，其决定因素不是风险智力，而是风险在整个经济中的分散程度。

如果项目中主要的可习得风险和随机风险与整个市场关联度较低，它将处在矩阵的左列中，也就是说，该项目市场相关风险较小。总体上，这些风险将与证券市场的涨跌呈现出微弱的关联关系。例如，受气候风险影响的项目大约会处在矩阵的左列，因为气候与整体市场表现的关系微乎其微。如果许多公司面临同样的风险，则市场会作出反应，市场集中度会提高。

自然地，风险较为分散的项目处于矩阵右列，如果更多的公司承担同一风险，整体市场风险会与该风险产生关联，市场迟早会对这种风险作出反应。例如，如果一个项目受制于整体经济状况，则它会处于矩阵右列，因为风险被大大分散，并且与整体市场运行直接相关。

风险角色矩阵为人们考虑风险伙伴问题提供了一个辅助工具，它将个人或组织放置于更加宽泛的风险生态中，任何项目都无法摆脱风险生态单独存在。该矩阵模型强调的是：在评估任何重大项目或解决方案时，我们应该根据其风险分散能力和市场集中度，确定个人或组织所扮演的角色。

分散风险能力的意义是不言而喻的，你既需要帮助关系伙伴分散风险，同时在你自身难保的情况下，也需要寻找那些能够帮助你承担风险的关系伙伴。

第五章

　　市场集中度的意义就不是那么显而易见了,某个项目,如果其市场集中度低,则可能反映了供应商的不确定性。例如,一家软饮料公司计划尝试一种新的配方,新配方畅销与否的风险和整个经济增长与否的风险几乎没有任何有机的联系,因此,新配方成败的风险就仅仅是供应方的风险,在此种情况下,风险的市场集中度很低。这个例子也表明了顾客(这里指购买饮料的餐馆和杂货店)希望供应商承担风险以获得保护。位于风险角色矩阵左列的风险通常是最令顾客头痛的。

　　同样的道理,项目风险如果具有高度的市场关联性,那么它反映了需求方的不确定性。假设一家甜味调料公司向所有软饮料公司供应其产品所需的全部甜料,如果低迷的经济状态让消费者捉襟见肘,他们就会减少软饮料的消费,转而购买更廉价的矿泉水做替代品,那么此时供应商的利益会受到损害。对于供应商来说,他们总是希望通过整个市场的风险分散来获得保护。

　　风险角色矩阵展示了企业所扮演的不同的角色,这些角色是根据项目风险分散能力和市场集中度的不同组合来确定的。我们分别将其称为:顾客保护伞(customer umbrella)、典型借款者(classic borrower)、风险减震器(shock absorber)和风险转移者(risk distributor)。下面,我们分别诠释每种角色的内涵(见"风险角色的评估")。

顾客保护伞

　　假设你的公司经营一家硬件连锁店,那么你的当务之急便是找到一个方案,这个方案能够轻易分散公司的主要风险。同时,大多数其他公司又没有这种风险。例如,公司可以将零部件的供应环节(订货)外包,这样可以一箭双雕,一方面外包的供应商可以帮助部门减少库存,另一方面公司更容易监控采购状况,以避免出现缺货的情况。这时候,外包供应商的品质问题就成为一种特殊的、部门能够分散的风险,而其他的公司却不会面临这样的风险。

此时,在风险角色矩阵(见图 5-1)中,公司对应的位置出现在左上部分:风险分散程度高,市场集中度低;部门扮演着顾客保护伞的角色。供应商的加入和外包业务的优势使公司能够保护顾客免受相关风险。

公司之所以具备分散风险的能力,是因为假设所有条件相同,比起你的顾客、其他的供应商和关系伙伴,你的公司可以更加轻易地吸收风险;这也是你能够充当顾客保护伞的原因所在。但如果这项业务在更加宽泛的风险生态中,其风险却急剧上升,那么谁又是风险的受害者呢?

订货环节外包的风险可能与市场整体运转无关,毕竟该风险并未反映市场需求、顾客消费偏好的变化,鲜有其他公司面临同样的风险。如果外包的供应商为其他许多公司提供产品,并且其产品又是非常重要的,则风险会与市场呈现出某种程度的关联。本例排除此种情况。如果非要明确风险到底来自顾客还是供应商,我们可以说风险来自供应商。

在外包这一案例中,顾客保护伞的角色十分容易理解。是你的顾客需要规避风险;他们都从你的外包业务中得到了风险

第五章

保护。事实上,你的公司所处的位置使你有能力减少特定风险,所以你理所应当成为顾客的保护伞。

由此看来,当行动方案的风险与公司其他业务的主要风险关联不大(你必须分散这些风险),或者与市场上其他公司的风险不相关时(意味着顾客会避免该风险),这时该方案或投资项目适合扮演顾客保护伞的角色。即使吸收所有的风险,这项方案或投资也不会增加资本成本。并且,减低风险和保护顾客可能会赢得更有竞争力的定价。

在将硬件零部件的供应环节外包的案例中,有两种情况,你可以考虑给供应商现金折扣:第一,某产品因缺货而必须追加订货;第二,供应商有助于公司节约成本。一定水平的折扣,既能吸引顾客,还能增加资金结余。

简而言之,你可能希望成为顾客的保护伞,保护顾客免遭形形色色的多样化的、特殊的风险。但假设你无法分散这些特殊的风险,你又该怎么办呢?

风险角色的评估

如何估测风险分散能力和市场集中度?如果不是需要非常精确的话,风险角色矩阵足够了;即使更准确的估测也只不过直接明了一点而已。

首先找到项目利润相关的前五六年的数据,对象可以是正在酝酿之中的项目的利润、某项业务的利润,或者类似标准普尔指数(S&P500)这样某一主要股票市场指数的收益。你需要准备两张方格纸。

为确定风险分散能力,需要在方格纸上以圆点的形式表示出每一年业务和项目利润的数值,横轴代表业务利润,纵轴代表项目利润。

如果画在图上的圆点呈一条整齐的线,则该项目对相关业务的风险分散能力较低,对应在风险角色矩阵的下半部分。如果点大致呈一条线,则说明风险分散能力较强,但仍然位于风险角色矩阵的下半部分;如果圆点呈长椭圆形,则说明风险分散风险能力相当高,项目处于矩阵的上半部分,如果圆点呈现广泛分散的状态,则说明风险分散能力非常高,位于矩阵的顶部(见图5-2)。

图5-2 风险多元化能力测度

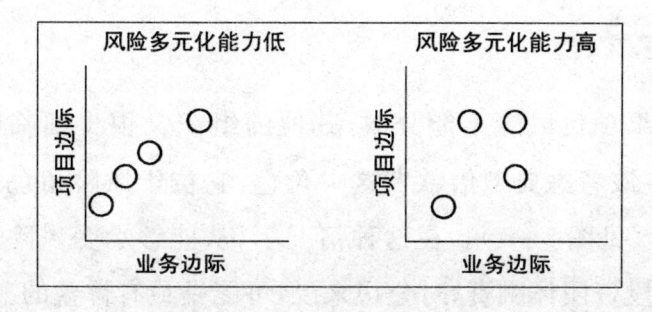

接下来,分析市场集中度,我们需要画出每一年的市场收益和项目利润的数值。横轴代表整个市场收益,纵轴代表项目利润。

若圆点呈一条圆滑的直线,则项目的市场集中度较高,将

第五章

具有所谓的高夏普指数。[2]对应风险角色矩阵右列;如果圆点大致呈一条线,则市场集中度有所降低,但仍处于矩阵右列;如圆点分布呈长椭圆形,则其市场集中度是相当低,项目位于矩阵左列靠近中间的分界线;如果圆点呈现发散分布,其市场集中度非常低,位于矩阵的左列(见图5-3)。

图5-3 市场集中度低

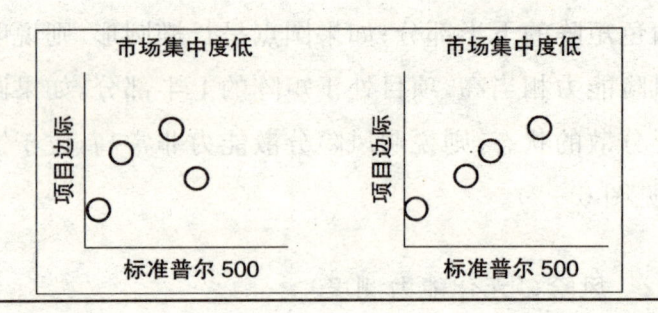

典型借款者

如果项目风险不能分散,其他的组织又很少面临同类风险,你应该考虑典型借款者这一角色,它位于风险角色矩阵的左下方(见图5-1)。在这种情况下,从能够承受风险的银行或某个投资团体融资,对公司来说,可能是最有裨益的。

假设我们要启动一项新的业务叫懒汉棒(slobber stick),其目标顾客是养宠物狗的人们。以前,人们一边遛狗,一边使用塑料棒球与宠物狗玩抛接球游戏。懒汉棒的设计进行了核心性的创新,这种创新是基于一种新技术的掌握,可以使新塑料棒自动拾起宠物狗钟爱的球。这样的话,这项新业务的关键

构建适应风险的关系网络

是如何理解懒汉棒的风险性质：我们应当建立何种包含业务合作伙伴、供应商和顾客的关系网络去管理相应的风险，在这当中，我们应当扮演何种角色。

如果我们仅仅只有懒汉棒这一项业务，那么我们就不能真正地分散风险，这意味着该业务会位于风险角色矩阵下半部分。

既然如此，从现实的角度来说，我们究竟面临什么样的风险呢？首先，是技术风险，懒汉棒能够确保在宠物狗和球之间有效地发生作用吗？其次，是设计风险，对该产品感兴趣的拥有宠物狗的顾客市场究竟多大？再次，是竞争风险，使用原有的塑料棒球套装，塑料球易被弄丢，这种情况在新产品中会不会重新出现？似乎这些风险与市场相关的程度并不高，如果判断是正确的，那这个项目就会位于风险角色矩阵的左下方。

上述情形所表明的结果是我们遇到了自己无法分散的业务风险，但多元化投资的个人或组织能够做到。银行和风险投资公司就是为解决此种风险而存在的，因此我们应当寻找金融合作伙伴。

实行多元化经营的金融合作伙伴可以分散懒汉棒的业务风险，这会为我们带来足够的资金。但是，如果我们经营不善，无法分散风险，那么破产的威胁就随之增加，我们很难举债经营。在这种情况下，我们可以寻找股权投资者，他们有能力分散市场集中度较低的风险，我们则专门为顾客生产他们青睐的产品。

总而言之，某项目的特殊风险你无法分散，那么就应该寻

第五章

找一个金融合伙人。虽然你不能分散风险,但你的伙伴却能,他的能力可以保证你获得需要的投资。相反的情形在风险角色矩阵中呈现鲜明的对比,那就是,与市场相关联的可以分散的风险。

风险减震器

在这里,我们仍然关注那些你能够将其风险分散的项目或解决方案。与以往不同之处在于,面对那些风险,你不再是单枪匹马了。更确切地说,那些风险与整个股票市场的涨跌紧密相关。具有这种你能够分散风险,与市场紧密相关的项目,通常处于风险角色矩阵的右上方(见图5-1)。在这种情况下,你应当考虑在关系伙伴、顾客和供应商关系网络中扮演风险减震器这样的角色。简言之,你能够保护供应商和合作伙伴免遭市场风险的冲击。

在举例说明之前,有必要探讨投资者承担此种风险时他们预期的利润率问题。公司承担的每一个项目都会给投资者带来风险,它表现在项目对公司整体利润贡献的不确定性上。但有一点会令我们倍感惊讶:如果要在你涉足的行业立足,就要在具备风险减震器的项目中拥有极高的利润率。原因来自两个方面。

首先,由于此种项目的风险非常分散,大多数投资者自身无法分散相关风险,他们需要更高的利润率,因此你必须要能够从该项目中获取尽可能高的利润。

其次,项目风险分散能力越强,项目带来的整体风险就越小,从而能筹措到的资金就越多。但如果项目中使用过多的筹措资金,反过来会提高公司在该项目中的风险,这主要是因为项目的杠杆作用。例如,如果你的投资中抵押贷款占80％,房价上涨5％,由于杠杆作用,投资也将增加25％。

许多公司的经理们发现他们处于这样的困境之中,但却无计可施。对于那些在自己的核心软件、硬件中增加"问题解决方案"的公司,以及那些在生产性产品中增添如咨询、建议、维修服务等的公司,更是如此。这里的关键是如何为顾客解决更多的问题。1993年,郭士纳入主IBM之后,实施了这样的一个问题解决方案。

这种"问题解决方案"业务的风险与硬件公司、软件公司以及生产性公司所面临的风险是截然不同的,解决方案业务相关的风险通常处于矩阵的上方,但该类风险却与市场高度相关。如今,不仅许多公司纷纷涉足咨询业务,而且客户们能够区别不同咨询项目的优劣,这种情况使得咨询服务与整体经济形势高度相关。因此,问题解决方案类的业务风险处于风险角色矩阵的右上方。

经理们总是希望这些咨询业务不会占用公司过多的资金,但实际上,往往事与愿违。由于咨询利润与整个经济形势紧密相关,因此咨询成了一种成本相当高的业务。如果你打算开展这样的咨询业务,并且甘愿接受薄弱的利润,也不一定行得通;你的顾客和供应商会对此心存疑虑,他们可能质疑在业务低迷时期,你是否愿意继续维持咨询业务。

有些组织仍然有办法分散此类风险,并且保护关系网络的

第五章

各方免遭相关风险的侵害。从定义上看，这类风险是与市场关联的，他们通常反映了顾客需求的不确定性。这意味着充当风险减震器作用的公司必须具有风险分散的能力，通过这种能力，它们能够保护其供应商以及其他销售互补产品和服务的合作伙伴，使他们避免相关市场风险的冲击。

例如，如果你的公司增加了问题解决方案的咨询业务，并且能够分散相关风险，那么你可以和你的硬件供应商协商一个有吸引力的定价，用他们的产品为顾客建立一个客户服务系统。如果你能够在一段时间内保证硬件供应商得到稳定的订货业务，那么上述项目就是一个非常明智的决策。从本质上看，你是以保护供应商免遭市场起伏的冲击来换得优惠的定价。为了从伙伴关系网络中获得最大的收益，你甚至可以考虑将硬件的供应涵盖在咨询业务契约中。

总之，当项目风险与市场关联，而你有能力去分散这些风险时，那么你就有机会扮演风险减震器的角色；该角色必须保护关系伙伴免遭那些与顾客需求相关的风险，但如果不能分散这些风险，你的角色会发生明显的变化。

风险转移者

最后，我们要探讨的风险类型是个人或组织普遍承担的、无法分散的风险。组织在分散项目风险方面的困难使其处于风险角色矩阵的下半部分，这类风险中的大部分都与市场相关，影响范围很广，通常出现在矩阵的右边。在风险角色矩阵的右下方（见图5-1），你将扮演风险转移者的角色；由于你

构建适应风险的关系网络

无力分散这些风险,所以很难独自承担。然而,在此种情形下,你也很难寻求关系伙伴的帮助,这会让他们负担更多风险。

许多业务需要风险转移者,经济生活中这样的例子不胜枚举。例如,航空公司无法分散商务旅行波动的风险,这种风险无疑是与市场高度相关的。由于风险反映了顾客行为的不确定性,公司就会转向供应商寻求风险保护。这也是波音、空客等飞机制造公司在制定采购协议时经常将航空公司拒之门外的原因所在。

特许经营商店和餐馆经营商也面临某些难以分散的风险,他们需要外力来降低这些风险。分类零售商经常为分销商店的经营者承担市场相关的风险,允许商店将未售出的商品退回。像沃尔玛这样的零售商,通常利用自己强大的谈判能力,将风险转嫁给供应商。

但是,现实世界中风险并非总是零和游戏。如果你面临无法分散的风险,那么就应该在供应链中或者其他销售互补产品的业务伙伴中积极搜寻风险减震器。风险转移者与风险减震器的组合将是极具竞争力的团队。事实上,即使他们作为个体没有独特的优势,但作为团队仍然具备风险优势。你的关系网络能够成功地满足终端顾客的需求,这才是至关重要的。如果能够建立一个成功的风险关系网络,网络内的供应商和销售商为最终产品提供相关服务和零部件,那么,他们最终将获得互惠互利的价格优势。

第五章

独行侠(lone wolf)、浅尝辄止者(dabbler)和风险角色的迁移

风险角色矩阵没有像风险战略矩阵那样,展示驱动项目风险发生演变的革命性力量,但是它捕捉到了项目和决策风险的力量,这种力量会影响我们将要面临的挑战以及未来的组织形式。

首先,在风险战略矩阵和可习得风险的追踪记录中,如果项目获得成功,那么它在风险角色矩阵上的位置会下移,原因在于:假如某一项目或者某一方案成功,它对个人或组织的整体结果会产生更大的影响。这也意味着其中的风险更加难以分散;项目的风险越难以被分散,它在矩阵中的位置越往下(见图5-4)。

图5-4 项目在风险角色矩阵上的迁移

而且,随着业务的不断成熟,它们将移动到矩阵的右方。例如,不久之前,因特网认可度增长的不确定性会影响某些业务,但是其风险与市场整体关联度很低;随着因特网的普及,现在很难找到一种不受其影响的业务,因特网风险开始

构建适应风险的关系网络

与市场高度关联,目前因特网业务构成了市场重要的组成部分。

可见,绝大多数成功的项目和方案趋向于移动到风险角色矩阵的右下方。这意味着,随着时间的发展,组织扮演的风险角色会从顾客保护伞(左上)转换成风险转移者(右下)。

其中的道理十分明确,当启动一项全新的项目时,我们需要竭尽所能地为顾客减少困难和降低风险,我们充当了顾客保护伞的角色。最终,随着时间的发展和资源的投入,我们需要将成熟项目或业务的风险转移给供应商。在这个过程中,我们帮助供应商建立了市场,供应商从中获益匪浅。这时,我们成了风险转移者。

汽车生产就是一个很好的例子。这是一个成熟的行业,其风险主要集中于一些大公司,并且风险与市场高度关联。毫无疑问,汽车生产厂商需要将一些风险转移给零部件供应商,如戴尔菲(Delphi)和法雷奥(Valeo)。福特 Model T 轿车曾经一度卖到 300 美元,这几乎消除了顾客的全部风险。

然而绝大多数时候,我们的项目风险角色是介于两者之间,即介于早期的顾客保护伞角色和后期的风险转移者角色之间。那么项目或解决方案应该选择哪条路径,是选择经过右上部分的高端路径成为风险减震器?还是应该选择经过左下部分的低端路径成为典型借款者?

究竟选择哪条路径?它的决定条件是项目产生的利润总额和相似项目产生的总经济业务份额哪个增长更快。

第五章

低端路径

例如,一家能源公司启动了一项新型氢气燃料电池的方案。在新型电池受到市场的广泛认同之前,该公司需要全力以赴地攻克这项新技术,因此一段时间之内,公司很难分散其风险,相关风险的市场关联度也不高(见图5-5),这是低端路径:公司应当扮演典型借款者的角色。

图5-5 风险角色的低端迁移路径

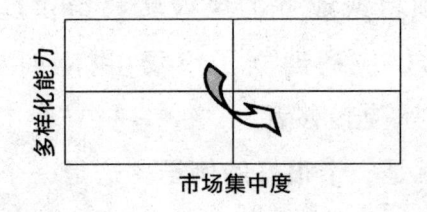

高端路径

另一方面,我们可以在一家汽车公司实施氢气燃料电池的计划。该计划初期在公司的业务中占据统治地位的可能性不大。随着时间的流逝,燃料电池项目逐渐使得汽车生产厂商收益增加,氢气能源才会对整个经济体产生影响。在燃料电池市场不断增长时,公司会采取高端路径;在新兴的氢气能源的风险生态中,公司大概会充当风险减震器的角色(见图5-6)。

图 5-6 风险角色的高端迁移路径

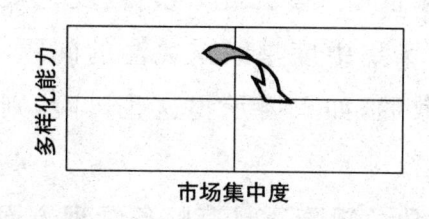

财务约束及专营与多元化经营的选择

项目在风险角色矩阵中移动的轨道取决于其风险分散能力或市场集中度两者哪一方的变化速度更快。如果某些个体或群体采用低端路径,径直投入到一个新的经济领域,那么该项目的风险分散能力速度更快。如果某项业务通过高端路径广泛分布于众多多元化经营的公司,则其市场集中度变化的速度更快。

在第一个例子中,项目更适合的情况是:市场中只有为数不多的几个实力雄厚、高度集中的企业,我们称其为独行侠型;在第二个例子中,市场中同时存在许多初涉该项目的企业,他们都属于浅尝辄止型。

在你考虑承担何种项目风险时,上述理念对你有所助益。究竟哪一种模式使你更有优势呢?如果你更擅长于专营,最好选择独行侠式的项目,其风险与整体市场关联度不高;如果更擅长于多元化经营,最好选择具有较多市场关联风险的项目。

这两类项目风险还存在重要的财务差异。对独行侠式的项目来说,变化最快的是风险分散能力;风险分散能力是债权人看中的特质,当你缺乏风险分散能力时,债权人会对

第五章

你的还债能力心存疑虑。

对于浅尝辄止型（多元化）项目，变化最快的是风险的市场集中度，市场集中度是股东关注的问题，市场相关风险是股东无法分散的，如果要承担这些风险，则需要获得更高的利润作为补偿。

因此，风险角色矩阵还具有财务管理方面的用处。经理人不仅可以用它对全公司的风险进行评估，而且可以用它来思考不同风险的融资方式。位于矩阵右边的风险，会提高整个公司的市场风险；在所有其他条件相同的前提下，公司必须提高项目的利润，否则公司的股票价格会下落。位于矩阵底部的风险，强调了偿债能力的问题，因此公司必须有稳定的现金流，否则公司的信用评级将会降低。

这表明一个担心信用等级问题的公司更愿意选择一种项目，在这个项目中，公司可以充当顾客保护伞或者风险减震器的角色（处于矩阵的上部）。公司帮助商业伙伴分散风险的能力，会使它在债权人的心目中形成具有较高信用等级的良好印象。一个担心股票价格的公司可能更倾向于选择一种项目，在这个项目中，公司可以担任顾客保护伞或者典型借款者的角色（处于矩阵左部）。公司会坚持股东分散风险的原则。

总之，股东和债权人对风险的敏感程度会影响公司从事的项目。如果你的信用等级摇摆不定，你就不会选择很多典型借款者式的项目。如果公司股票价格处于波动状态，那么就不会涉足多元化经营，也不会担当风险减震器的角色。

构建适应风险的关系网络

对于随机风险，任何人都不具备降低其不确定性的独特优势，但是风险角色理论中最重要的东西是：即使面对随机风险，你仍然可以通过谨慎地选择合作伙伴来创造自己的优势。风险的性质决定了你的选择。如果你严重地暴露在一种特别的风险面前，那就找一个帮助我们承担风险的伙伴；如果你在高度集中的市场中能够独当一面，那就找这样的合作伙伴，你帮助他们减少风险后，作为回报，他们甘愿为你提供补偿。

平场风险 (flat-field risks) 及其随机性如何改变竞争格局

风险关系网络和风险角色矩阵丰富了风险智力概念的内涵，让我们能够突破自己的信息局限，从整个伙伴关系网络审视信息的流动。因此，真正的随机风险和可习得风险都是值得研究的。这是一件好事。全球企业，即使一些小企业，都面临着全球化的挑战和机遇，这迫使越来越多的人必须在可习得风险和随机风险之间作出选择。

让我们深入研究一下宽泛的风险智力框架。在全球日益关注的对企业增长的研究中，随机风险和学习速度会对这种研究产生什么影响？首先，在考虑商业竞争和战略性竞争时，有必要强调随机性定义中最重要的内容。

正如随机性这个词语一样，没人能对真正的随机风险作出更好的评估；也没有人在原因不确定的前提下，能对结果作出准确可靠的预测。或许有些人能更好地管理随机风险，但如果一直单纯地依靠高深复杂的预测技术，并不会获得任

第五章

何结构性优势。

例如,根据以往的经验,如果本月,而不是下月,对我30年期抵押贷款项目再融资的话,我的损失达到最大,为每年0.4%。[3]但这不能作为一个结论。我根本无法在某段时期内洞察市场变化;利率的变动是随机的,他们所反映的全部信息,同时也被世界各地成千上万的债券交易商们所获得。对于本月利率到底是上升还是降低,对此毫不知情的不仅仅是我一个人,事实上,别人和我一样都无法把握利率的变化。

我们把这些不确定性因素重新命名为平场风险,那么随机性的真正含义就变得更加清楚了。平场风险指在一个完全公平的竞争环境中,每个人对于不确定性因素的了解程度都是相同的,没有人在评估不确定性方面拥有任何优势。当然认识到风险的随机性并不会让这些风险消逝;在平场风险中,最重要的是你对于风险的大小或趋势的估测,要比其他人做得更好。

其他平场风险的例子包括汇率、大规模交易的商品的价格(如期货)、股票价格和类似于普尔指数等的证券指数。基于广泛交易的债券、商品和股票等衍生产品的价格也是随机变化的。

许多其他的数值也是难以预测的,比如天气和某一国家经济发展的水平。由于具有大量的复杂的原因,导致预测十分困难。平场风险的卓越之处是:当作用于某一价格的影响力量达到均衡时,市场就会停止变动。如果我们能够对未来某一时点影响我们的因素了解得多一些,那么这些信息就是今天的市场应该反映的内容。平场风险——由竞争市场决定的价格风险确实非常特别，它们从根本上难以预测。

在大多数人的心中，都存有这样的一个想法，那就是，如果说风险的独特性或不可预测性都使我们徒增烦恼的话，那么，真正随机的、不可预测的风险就会更加让人难以琢磨了。平场风险这一术语的好处是，它能够使我们对上述假设产生质疑。当然，平场风险并不是什么好事，但是在某些情况下，或许我们喜欢平场风险更胜过可习得风险呢！

平场风险是福还是祸

第二章曾经说明了，与可习得风险相比，平场风险并不总是一件坏事；更准确地说，项目中的某一个提议或方案所蕴藏的风险，随时可能会释放出来。

平场风险的随机释放并非指风险出现的频率、严重程度以及其神秘莫测性。平场风险和可习得风险在频率和严重程度上可以不相上下，都会令人感到难以管控。与平场风险不同的是，可习得风险给人们制造了难题，对于可习得风险的评估，总有一些人或组织会处在更有利的形势，这样的威胁时时伴随我们。因此，可持续竞争优势的概念就油然而生。

然而，另一方面，在评估平场风险时，没人能够处于更有利的地位，假设我们计划启动一项投资业务，该业务是由股票市场价格上涨引起的，其价格是随机变化的，竞争者不会比我们更加准确地洞察何时股票价格会上涨（想一想马尔基

第五章

尔得随机游走模型）。我们毋庸担心这样的威胁。不管平场风险如何难以管理，也不论它带来的利润丰厚与否，我们并不会总是了解得比别人少。对于平场风险，大家同样都在黑暗中摸索前行。

因此，在判断受平场风险影响的项目投资时，有一个问题不在讨论的范畴之内。许多其他原因要求我们要规避带有平场风险的项目或方案，比如风险性超过了潜在的利润。但系统地高估或低估平场风险并不是原因之一，对平场风险的无知并不能称之为理由。

在面对国际机遇时，这似乎至关重要。例如，一个高级管理团队正在对总经理提交的某项业务议案进行评估，它涉及在新兴市场上建立新的能力。几周内针对该项目，高级管理团队探讨了具体的和主要的风险，包括可习得风险，诸如政治、供应商、劳动力、顾客、经营、声誉等方面，以及许许多多的其他不确定性因素。

最终，高级管理团队相信：对于这些风险，项目的潜在利润巨大，承担这些不确定性风险是值得的；并且，管理团队也认为一个老练的竞争者，即使考虑到相关风险，也不会抓住公司的薄弱环节。但是，他们仍然否决了这个项目。

他们可能会说："我们不能承担该风险，我们不能比别人更好地把握商品价格的变化，这会提高项目经营的成本，因此我们必须要放弃这次机会。"换句话说，对于风险评估中日益加剧的竞争，高级管理团队会保持高度警惕，但是他们误用了风险评估。

在此种情形下,对于竞争性交易商品的价格而言,没有谁比谁会更好地掌控这种平场风险,我们完全不必担心这种威胁。一旦你能确保项目中面临的可习得风险的水平,与可习得风险相关的风险智慧以及项目中平场风险的水平,那么你就胜券在握了。如果不过多地考虑宽泛的关系网络,并不存在与平场风险相关的风险智慧问题。

如何创造平场风险解救墨西哥

我们来了解一个实际的案例。在这个案例中,我们可以看到由可习得风险和平场风险引发的不同挑战是如何被迎刃而解的。我们的目标是开发一种意识,这种意识能够判断如何选择受可习得风险和平场风险混合影响的不同项目。本例具有非常大的实用价值,它考虑到了某一种风险从一种类型转化成另一种类型时将会出现的变化。在本例中,将可习得风险转化成平场风险。

1986年,我受雇于参议员比尔·布拉德利(Bill Bradley),成为其经济学顾问,为其出谋划策,协助他解决墨西哥的债务危机。那个时候,墨西哥的外债居高不下,接近1 000亿美元。里根政府曾尝试设法掩盖该问题,敦促银行给予墨西哥临时贷款,这样墨西哥可以为旧债付息,避免债务拖欠,损害银行利益。如此,现金作了一次往返旅行,从贷方(即银行)流出,最终又回到银行的金库,银行的账户上显示出回报丰厚的新贷款,但是每一方都对银行资产负债表上越来越大的漏洞采取置之不理的态度。更糟糕的是,不断增加的债务导

第五章

致墨西哥的投资者到处席卷资金，然后又疯狂地在国外投资。

问题的出路在于认识到旧债的损失并重新开始。换句话来说，就是要摒弃借债，禁止资金流出。我的工作就是，在墨西哥各利益群体中发起一场"节流"的战役，以求一劳永逸地解决这个问题。这些利益群体包括：向私营银行严重负债的拉丁美洲国家、失去巨大的拉美出口市场的美国农场主们和生产厂商、认为严重的对外负债导致失去了在美国就业的劳务群体，担心半球安全问题的持防守态度的民众（defense folks），不同的宗教群体以及惯常的外国援助群体等。

但如果银行认为借款者可能只是高喊"狼来了"罢了，谁还会愿意承受贷款损失呢？如果借款者只是假装穷困潦倒，但事实上有能力支付债务，这又该怎么办呢？由于银行对墨西哥真实的经济状况知之甚少，它们也有正当的理由反对减免。减免债务的做法并非必行之举，它甚至会在未来导致更多的恣意借债的行为。在接下来两年的时间里，我收集了大量证据证明墨西哥确实需要免除债务，但并没有得到银行的信任。

新兴市场经济专家斯蒂芬·迪扎德（Stephen Dizard）认为：在为债务而不断努力的发展中国家里，其实商机无限；因为债务，这些国家可能会建立强健的证券市场。它们所需要的仅仅是一种清晰的价值意识。

比恩（Beane）在美国奥克兰市积累了丰富的相关资料；同样，迪扎德也掌握了大量的关于墨西哥债务的信息，与墨

构建适应风险的关系网络

西哥的借款者进行债券交易或者贷款的任何人,几乎都逃不过迪扎德的眼睛。因此,为什么不建立一种指数,去记录市场所反映出来的本国债务的真实数值呢?迪扎德杜绝了类似于前几年混乱的再次发生以及政府试图掩盖真相的情况,他让人们可以更准确地估计墨西哥的财务现状。几周内,各大银行和交易商们开始紧盯墨西哥、阿根廷和巴西的迪扎德指数,甚至在国会上也谈论它。

这正如暗室点灯,角落皆亮。

没有人预测到接下来发生的事,似乎一夜之间,银行对减免债务的抵抗情绪烟消云散了。里根政府大为惊讶。银行相信墨西哥有能力偿付债务,对于新贷款和债务免除也一视同仁。承担债务损失的时机成熟了。事实上,作为防止资本外逃的一种方法,每个人都认识到了债务减免的优势。

迪扎德指数并未降低墨西哥债务风险的水平,它只是将该国偿付债务能力的不确定性转化成了一个平场风险。虽然你并不了解真实的情况,但事实上没人能比你了解得更多,即使是墨西哥中央银行的领导者也不例外。也正是此时,人们纷纷开始介入到债务减免的风险中,他们知道人们彼此不会相互承担风险。银行以平场风险的形式减少了不确定性,开创了一条新的道路。墨西哥的经济增长几乎持续了十年。

不是每天人们都可以将平常的可习得风险转变成平场风险的。在可习得风险中,每个人时刻都要关注自己的竞争优势;而在平场风险中,每个人所面临的风险评估困难都是

第五章

一样的。只有当别人开创了新的金融市场时,才会出现风险类型的转化。但本例非常有说服力,它显示了当主要风险的性质发生转变时,情况会如何变化。

新兴市场风险,外国直接投资和最终的购买者

随着欧洲人口出生率的下降和美国消费者支出的不断降低,公司追求增长的难度加大。追求增长使得欧美的公司将目光投向全新的、陌生的新兴市场,那里的人口出生率并不低,而且消费支出呈现增长的势头。

与最近纷纷涌现的外包相比,新兴市场分布的范围更广泛。外包只是利用了低成本这样一个优势条件,然而新兴市场能够带来更长远的影响。如果新兴市场所在国家或地区开始缩小与发达国家在收入和财富方面的差距,那么他们具有巨大的增长潜力。欧美公司如果能够应对新兴市场中出现的风险,他们可以摆脱增长缓慢的阴影,从新兴市场的增长中分得一杯羹。

这些风险是可习得风险和平场风险混合体,通常情况下,这两种风险是相互交织在一起的。例如,某一项目可能会既受新兴市场汇率变化风险的影响——一种平场风险,同时也面临东道主国家政治因素风险——一种可习得风险。那么,项目合伙人运用什么经验去应对这些风险呢?

传统上,因为对于风险的了解不多,公司经常通过控制来管理新兴市场上直接投资的风险,管理团队总是尽可能地实施全面经营控制。通常采取的做法包括详细的经营步骤,从投资国聘用经理,投资方在公司权益中占主要或者支配地位。但经营控制并不是最佳的做法,对风险角色的理解才会有助于决定经营控制的最佳时机。

假如你的经营战略能够减少当地合伙人的风险,那么经营控制才有意义。老挝纺织公司的故事是一个十分典型的例子。

卡罗尔·卡西迪(Carol Cassidy)在美国曾是援助工作者和纺织专家,1989年她来到老挝。她发现这个国家的丝织工艺在世界上拥有悠久的传统,但是却暮气沉沉。卡西迪学习掌握了传统的老挝纺织设计,结合自己织布机的技术,最终通过独资,在老挝首都万象开办了一家纺织工厂。这家工厂位于一栋老式法国大厦附近的附属建筑物内,露天的混凝土结构;那里空气干燥,灰尘遍野。

在一些国家人们对私营公司还毫无概念,对卡西迪来说,为什么拥有自己的公司至关重要?她所面临的风险起初似乎不适用于风险角色原则,但实际上并非如此。

卡西迪所扮演的角色类似于典型借款者。首先,这一项目的风险分散能力较低:她作为纺织品艺术家以及援助工作者,并没有其他的业务去分散她在老挝市场上的风险,其次,该项目风险的市场集中度也较低,重新拯救衰败的传统纺织工艺的主要风险几乎完全由她个人的企业承担。

不过,卡西迪需要扮演风险减震器的角色来启动自己的业务。由于现代人工合成技术的使用,以及生产鸦片成为更有利可图的致富途径,当地乡村的人们已经不愿意从事这种

第五章

劳动力密集型的丝绸纺线的工作。卡西迪回忆说:"很难让乡村的人相信,如果他们生产丝绸,我一定会购买下来。"[4]

简单地说,老挝的传统丝绸纺织业非常萧条,卡西迪一个人所处的位置比当地的合伙人更有优势来吸收风险,没有人反对她提出将产品销售到富有竞争力的西方市场上。自中印战争以来,对于一个几乎与世界其他地区隔绝的国家来说,西方市场是神秘莫测的。他们无从知道比起米老鼠T恤衫,而西方人更喜欢古老的老挝生产的独特的纺织产品。在很大程度上,使纺织业陷入衰败的是市场的不确定性,而不是供应方面的问题。卡西迪为当地的纺织手工艺人和相关业务承担了产品的市场风险,并取得了成功。

如今卡西迪的老挝纺织工厂有200名工人,她的工厂员工流失率出奇地低,其生产的纺织产品摆放在世界各地的博物馆里。

一方面老挝纺织工厂看起来像是典型借款者,然而另一方面卡西迪也扮演着风险减震器的角色。她的供应商别无选择,对于未知的西方市场,他们需要得到风险保护。在老挝纺织工厂的风险关系网络中,最关键的是卡西迪的潜在合伙人的需求问题,由于卡西迪能够帮助关系伙伴减少风险,因此运营控制才具有实际意义。

然而实施经营控制并不总是必须的,也不一定是最佳的做法。如果控制本身包含许多风险,那么在新兴市场风险网络中分散控制,让当地合伙人承担更多的风险就是有益的。事实上,当地合伙人或许对某些风险的理解比我们更深刻,因此，将运营控制进行分散是十分重要的。尼尔·加斯克尔（Neil Gaskell）曾长期担任壳牌石油公司的财务官员，现在是伦敦经济学院的董事会成员，他用一个典型的例子告诉我们将某些风险和经营控制以权益的形式转嫁给当地的合伙人，这种做法至关重要。

壳牌石油公司在文莱婆罗洲苏丹家族统治的领地曾经营过一段时间，加斯克尔需要找到承包商负责公司车队的经营。福特和丰田汽车公司在这个小小的王国里都拥有各自的代理商，但当地合伙人的效率低下却是人人皆知。当地一位雄心勃勃的商人伊瓦拉赫姆（Ibrahim）先生挺身而出，打算依靠壳牌石油公司的业务，接管福特公司的代理权，并且承担巨大的风险，时间是三年。

加斯克尔同意了伊瓦拉赫姆先生的计划，但他作出这个决策并不是依靠对人的判断，也不是依靠对当地的了解。他在这三年的任期中，对婆罗洲的方方面面都涉猎很深。他有时会作出一些让人意想不到的事情，比如，曾经有一次，加斯克尔就让华盛顿特区的得克萨斯的石油工人大吃一惊，他向他们展示了在偏远的丛林旅行时所学的富有异域情调的婆罗洲土著人的一种鸟舞（dayak bird）。

壳牌石油公司在文莱分散运营风险的关键不在于了解当地知识或者熟知当地文化，当然这也是非常重要的。关键在于确保伊瓦拉赫姆先生能够在婆罗洲北岸经营车队，确保他能够承担这其中的巨大风险。只有这样，他才能获得丰厚的利润。

第五章

最终,加斯克尔所提供的东西要比资金更有价值,他让壳牌公司成为伊瓦拉赫姆稳定的消费者,伊瓦拉赫姆也据此拥有了独立的业务。由于代理业务前景可期,伊瓦拉赫姆最终获得了风险资本的投资。

伊瓦拉赫姆的业务能够很好地满足壳牌公司的需求,他最终成为首都最成功的汽车代理商之一,加斯克尔认为正是由于有了广阔的成功前景,它才吸引代理商在最初与壳牌公司紧密合作。

在某种程度上,加斯克尔处于典型借款者的地位:他无法指望不可信赖的供应商分散车队的运营风险,在文莱也没有强制执行合同的保险途径可循;如果成为典型借款者,却没有任何第三方可以承担或分散这些风险,那么就要在确保供应商有承担风险的能力和动机之前,考察他们是否可以承担相关风险。在陌生的市场环境中,典型借款者放弃控制的做法可能会比加强控制更有效。

风险伙伴关系的经验之一是要建立供应商团队,这样,即便是在异国他乡,接触该项目的人们也能够与你一同明显地感受到项目兴旺的前景。卡西迪在老挝开发新的纺织市场实践了这一点,而加斯克尔则是通过保证合伙人能够吸引风险资本来实现的。一般来说,当地供应商关系网络越宽泛,解决政治问题的支持力量就越强大,即使建立当地供应链的成本高于在国内市场,也是物有所值的。本地的供应链能够减少你无法分担的本地风险。

风险角色所隐含的一点是:要积极地与当地供应商交流

合作,这对发展是至关重要的。例如,对于一家在秘鲁的运动鞋公司而言,直接从秘鲁当地雇用供应商要比从美国的克里夫兰选择供应商更有利。但是有一点并不为人们所明察,那就是,雇用当地的供应商比现金直接投资于发展中国家更有利。

很少有外国公司在新兴市场成功发展的背景中成为终极的贷款者。他们没有必要这样做,不发达的国家通常拥有大量的存款;外国直接投资者通常扮演的角色是终极的购买者。投资的最大影响一般都是间接的。

例如,一旦加斯克尔与伊瓦拉赫姆在婆罗洲签订了承包合同,一个良性的经济循环就应运而生了。加斯克尔开辟了新天地,他人云亦云,也没有利用裙带关系或者政客;他只是根据商业价值去挖掘成功的项目。

伊瓦拉赫姆也需要次一级的承包商,在此过程中他也会做同样的选择。这样,整个供应链就会变得富有竞争性;在公平基础上形成的开放、竞争的承包关系会将不正当的暗中交易挤出市场,这是投资者们所带来的最重要的价值。

直接投资者将承包过程和雇用供应商程序合理化还具有其他的含义,这表明,在决定发展结果时,需求要素可能会与供应要素同等重要。以理性的方式进行承包,生产厂商就能够获得更加清晰的市场信号,这有利于了解如何创造财富。最终的购买者在促进经济增长方面具有非常重要的作用,他们推动需求向合理化趋势发展。

第五章

开放的市场及其敌人

不管我们希望提高自己的风险智力水平还是改善风险关系网络的绩效,顾客都起着关键的作用。从商业反馈信息角度来说,他们是最重要的风险智力的来源,是风险关系网络中的核心要素。风险智力的最大优势之一是让人们明白如何培养有价值的顾客。

当然,顾客无法降低风险水平,但是他们可以承担部分风险。一位忠诚的顾客过去一直对你公司的创新能力深信不疑,这或许就会让你成为一家非常成功的、业绩卓越的创新型公司。除了了解顾客忠诚之外,还要了解顾客是否还有其他的特质,能够帮助你在处理风险方面享有竞争优势。

问题的答案就来自于顾客在经济体中所扮演的基本角色。顾客是市场中的最终评价者,我们把他们视为企业间、甚至政府间的相互竞争的天然聚集地。能够很好地适应顾客需求的企业家和经理们将获得商业成功,其他的人则逐渐衰败。顾客为经理和企业家们设定了努力的方向。

当我们说外面的世界艰难困苦时,是指整体经济中充满了困难与挑战。原因是我们不清楚如何能够使业务兴旺,也不清楚如何才能够维持生计。风险智慧能够帮助我们在充满不确定性因素的环境中生存。风险智慧的一部分内容就是寻觅微观市场环境,使得我们免受宏观市场惊涛骇浪的影响,或者锻炼我们增强对抗风险的能力。风险智慧的另一部分内容是寻找能够让我们变得富有竞争力的顾客。

构建适应风险的关系网络

商业人士都知晓这个道理。他们总是在业务低迷和强大的竞争对手能够提供产品优惠的时期，提倡"顾客忠诚"来确保获得稳定的业务。我们追求顾客忠诚，尝试着去理解其背后的驱动力，这样我们就可以培育甚至提高顾客的忠诚度。

我们都在谈论"战略型顾客"，他们将我们训练成了不起的销售员、市场营销者、生产厂商、设计师、技术员、组织者和交流沟通专家。我们总是在寻找这样的战略型顾客，与他们保持良好的合作，并且总是希望能够留住他们。

人们很少归纳这一观念，也很少质疑哪个市场最适合自己，相反，我们会关注最忠诚或者是最具有战略价值的顾客，并不断地追逐他们。但是，我们的同行可能也正在做着同样的事情。这就是现代美国出现的密集轰炸现象，某些邮政编码频繁出现在印刷品的目录中。

让我们审慎地考虑如何对有吸引力的顾客进行归纳总结，在巩固企业的地位和增强业务技能方面，究竟是什么因素使得我们在某一市场更加有效？为何一个地区性的或特定地理区域的市场能够持续地引起当地甚至之外的人们的注意？

市场本质上是由顾客构成的，顾客是企业最终的评价者。那么市场关键能力的驱动要素是什么？市场反馈信息价值的驱动要素又是什么？

这就是我们要着手探讨的。在开始测量风险智慧时，我们会问，如果评估一项新风险，是什么使得个人或组织比其

199

第五章

他人或组织更具有信息优势。我们已经回答了这个问题。在那些影响因素中,正是信息的奇特性和相关性实现了这个目标。若要评价不同市场中获得的反馈信息的价值,我们仍然要从这两个相同的观念开始。

举一个具体的例子,假设你决定在小镇上为一家经销商代理销售寿险产品和养老保险产品。经销商提供了两个不同的地区供你选择。在任何一个区域里,你既要能够顺利地启动业务,也要为全方位经营做好准备。如何应用风险智慧的概念选择最佳的区域呢?

当然,这种选择主要取决于现有市场的需求得到了多大程度的满足。假设在这两个区域中,寿险和养老保险产品都已开始销售,而商业机会又大体均等的话,自然而然地你就想知道哪个区域的消费者购买保险的特征更明显。但是,在一个稳定的市场上,以前的代理商们是不会放过这些机会的,潜在的保险购买者恐怕早成为大多代理商手上的猎物。因此,你难以识别下一个诱人的机会究竟是什么。

在这种情况下,你会关注这两个区域传来的各种信息,回忆各种反馈信息的独特性。回顾一下前两章的内容,我们知道某一种经历的非比寻常之处就在于它的独特性。但可惜的是,这种经验并不能直接应用于特定的业务区域,毕竟,我们不想最终在这个区域获得令人难以置信的销售量。

不过,经验的独特性是一个很好的思想。一系列销售访问最可能的结果是顾客反应冷淡或者前后矛盾;要想从顾客那里得到强烈的、连贯一致的反应是不太可能的;但如果顾客的反应是肯定的,这表明我们的做法是对的。如果要成为一位了不起的销售员,在一个成熟的市场中,顾客连贯一致的反应就是对你的肯定。

一方面,一致的顾客反馈取决于顾客对产品和服务变化的敏感度。如果顾客对你的产品漠不关心、毫无兴趣,他们就不会留意到产品的改进与提升,那么你就无法清晰地了解顾客的价值。

另一方面,连贯性也取决于顾客反应的一致。起初,我们必须使业务朝着一个方向推进。然后,我们就不得不考虑细分市场了。

换句话说,你希望自己选中的市场是一个高度一体化的市场,你就必须避免市场零碎化的情况。一体化的市场会向每一位销售员发出强烈一致的信号;零碎市场或许会产生许多有利可图的机会,但是任何笼统一点的信号都会被削弱,甚至让人迷惑不解。

市场一体化是人人都理解的概念,然而,对其进行估测就要另当别论了。最常用的方法是经济学家们所谓的市场价值凹性(concavity),假设顾客对产品或者服务的两种组合感到难以取舍,如果他们更偏爱其中一种组合,那么顾客的偏好是具有凹性的(从图表上看,曲线呈凹状)。

如果保险代理商指定的销售区域碰巧没有现成的凹性指数可用,你就需要依赖自己的直觉。哪个区域是同质的和一体的?哪个区域内部分化最小?哪个区域的消费者收入差距最小?

第五章

我们再来看看风险智慧评分的其他两个核心要素。对每一区域进行调研之后,你所获得的反馈信息的相关性如何?你必须在考虑具体问题的前提下确定信息的相关度。确切地说,在考虑问题可能的答案时,要有一个确切的定义,是什么问题决定了销售区域反馈信息的相关度?

要在这个国家的其他区域销售该类产品,从哪个区域获得的反馈信息能够有助于提高我们销售保险产品的技能,并且该技能几乎在所有的市场都具有普遍适用性?所选择的区域应当与国内市场具有共性,至少我们希望选择区域的人口特征,例如收入、年龄这样的标志能够与更宽泛的市场保持一致。

假设上述两个区域之一确实与整个国内市场具有某些共性,但是该区域是零碎的,正如作为一个整体的国家一样。另一区域是同质的,但却不能够反映国内整体市场的多样性。这样,问题就接踵而来了,追求同质性将我们指引到一个方向,追求市场的相关性又将我们推向另一个方向。

不幸的是,现实本来就是如此。在本例中,我们把保险区域这样的本地市场称为孵化市场。经验表明,大多数孵化市场都无法通过连贯性(敏感性和一体化)测试或者相关性(代表性)测试,这也正是克服新项目风险困难重重的原因所在。正因为如此,它使我们进一步认识到了国内市场的本质,它容纳了来自世界各地的创新者、经理和企业家们。

我们可以得出这样的结论:假设其他的条件相同,零碎化的或者收入差距大的国内市场比其他市场发展更为缓慢。

构建适应风险的关系网络

原因是公司的某项业务、新兴公司以及其他的创新型项目难以找到有效的孵化市场。

这些业务要成功展开,必须真正找到能够代表零碎的国内市场的孵化市场,但是这种市场必然缺乏连贯性,缺乏顾客响应的力度和一致性。而这种连贯性只能在成功的孵化市场找到,正如前面所描绘的高度一体化的地区市场一样。实际上,零碎化的国内市场中的每一孵化市场既不会具有同质性,也不会具有代表性。

我们可以直觉地感到这一点。不难想象,在中国,一家小型的新兴公司是如何成长的。假设它在沿海的一个小城镇开始业务,由于当地顾客的需求偏好是一致的,那么顾客反馈的信息也是高度一致的。一旦新兴公司找到满足当地顾客需求的途径,那么它的业务就会轻而易举地扩展到那些具有相同需求的地区——至少是沿海地区。更大的一体化的中国市场有利于促进增长。

与此同时,印度的新兴公司如何发展则让人难以想象。印度的人才正以不可阻挡之势从高等学府源源涌出。何种当地市场能够反映整个印度国内市场的多样性?什么样的城镇能够同时兼有印度北部雅利安文化(Aryan culture)和南部的德拉威文化(Dravidian culture)的混合属性?如果确实存在这样的孵化市场,新兴公司究竟该如何对市场发出的信号进行识别?印度国内市场的零碎化削弱了未来孵化市场效力的发挥。这是与政治腐败无关的发展问题。

威廉·伊斯特利(William Easterly)在其著名的发展经

第五章

济学调查——《在增长的迷雾中求索》最著名的一章中,没有强调他的大部分工作是致力于解读"两极化民族"存在的问题。[5]他写道:

> 最危害有效决策和政治自由的因素是极端的不平等和高度的种族差异……恰帕斯、危地马拉、塞拉利昂和赞比亚等国家和地区出现的发展失败是致命的种族和阶级仇恨混合起作用的结果。相比之下,丹麦、日本和韩国的发展……受益于高度社会共识,这种共识是与极少的不平等和种族的同一性紧密相关的。[6]

实际上,他提供的数据显示,在种族和等级两极化严重的国家,如玻利维亚、危地马拉以及赞比亚等,经济增长速度都比较低。[7]他用著作中重要的主题之一——激励机制对此进行解释。如果在某一国家不同种族共存,其经济收入水平差别迥异,贫穷的人们具有非常大的动力与富人们争夺财富,这会成为穷人们致富的首选途径。从经济发展的角度看,种族差别和收入水平差距的同时存在似乎是"有毒的鸡尾酒"。

风险生态的概念表明,市场零碎化的影响可能比伊斯特利描述的功能败坏的激励更加具有系统性。市场零碎化阻碍了个人项目或者企业发展的道路,它排除了那些同时具有连贯性和代表性的微观市场环境。

伊斯特利将收入水平差异和种族多样性的破坏作用称为开放市场的大敌。在某一孵化市场上,收入水平差异可能混淆顾客的积极和消极信号,也会使创新者和经理们的思路紊乱不清。如果宏观经济具有极端不平等的特性,那么只有收入水平差距大的孵化市场才能够代表它。具有讽刺意味的是,发展中的很多贫穷国家,它们的收入水平差异化程度极高,具有代表性的当地孵化市场踪影难觅。

种族多样化是开放市场的另一大敌,例如对于伊拉克来说,要寻找一个能够代表整个伊朗国内市场的地区孵化市场,就要将什叶派、逊尼派以及库尔德人包括在内。在巴格达,生活在一起的邻居就属于不同的种族。这使该地区很难建立孵化市场,相互冲突的传统偏好只能提供令人迷惑的反馈信息。

从某种程度上来说,企业追求发展,零碎化也是开放市场的大敌,它使得反馈信息或者评论不能有效地传递到生产厂商和销售者那里,他们无从了解什么能够创造价值。没有反馈信息,生产厂商和销售者既不能提高风险智慧水平,也不能建立有效的风险关系网络。但这并不是说零碎化市场本身是不好的,只是它会妨碍发展。

卡尔·波普尔(Karl Popper)在他的《开放的社会及其敌人》(The Open Society and Its Enemies)中认为,我们应当追求社会的开放,使自由免受专制的压制。[8]我们也应该鼓励自由活跃的言论来确保社会的开放。个人或者经济增长的成功同样都离不开有效的言论。就像区域生态发展会淘汰适应能力差的物种一样,顾客的言论会淘汰那些毫无前途的经济活动。但是在市场上促进生产力的言论开放性,与免受专

第五章

制统治所需要的开放性未必是一致的。

文化多样性能够促进批判性观点的交流,并且增强社会的开放性。不幸的是,它却有可能妨碍经济的发展。例如,马里是一个成功的民主社会,但是经济发展令人惋惜。这里的人们讲十几种语言,包括具有代表性的四种不相关的语系:尼日尔-刚果语系、尼罗河-撒哈拉语系、亚非语系以及印欧语系。语言极其多样。可能正是语言多样性导致其经济增长速度非常缓慢。

在某些情况下,新兴市场需要权衡促进社会开放性和市场开放性的各种要素。各种解决政策都在尽力克服这种两难的权衡局面,但如果对其漠视不理,那就是不负责任的做法。世界上一些地区的贫穷是由于精英阶层对腐败的纵容造成的,另一些贫穷则是这些地区缺少可行的机会。我们必须区分这两种状况。

风险生态的理论和市场一体化的重要性对欧洲具有立竿见影的效果。许多评论家认为,欧盟市场一体化的工作已经陷入困境,尤其是法国和意大利在实施市场开放措施时出现了不良记录。欧洲要在经济发展方面与美国媲美,一体化就至关重要。欧洲在未来几年中,将经历重要的人口转型——过渡到老龄社会,因此赶超美国经济发展的重要性将不断提高。

从这个角度看,缺乏一体化的市场是欧洲的主要问题,而美国则苦于收入水平差距问题。确凿的证据表明美国收入差距不断增大,这会对长期发展产生负面的影响。由于上流社会长久以来建立了它们在美国社会中的地位,个人和群体越来越难以找到能够代表整个国家收入差异水平的典型的本地市场。但即使是非典型的孵化市场也需要获得连续的收入水平资料,因此明确的新理念的经济价值反馈显得更重要。20世纪推动美国经济繁荣的驱动力是同质化的国内市场,而现在,我们已经开始失去这样的市场。

更具有讽刺意味的是,在美国,巨大的、一体化的中产阶级市场正在指引新兴的外向型国家的经济发展,如中国、韩国和巴西等。如果收入差距导致美国市场萎靡萧条,经济全球化发展也必将就此结束。

第六章　努力提高风险智慧

风险智慧直接关系到公司计划及其战略的成败,而组织目标与风险技能的吻合情况是公司计划及其战略的派生物。它是我们关于时间、资源、竞争领域和竞争方式决策的主要结果。决策影响风险智慧,而反过来,风险智慧又决定决策的成败,因此风险智慧就成为决策过程中的核心问题。

首先,我们要提出一个抽象的问题:可习得风险和随机风险的差别是怎样的？利用概率理论和信息理论以及独特经验的互补性,我们继续用一种方法来测度风险智慧。这些测度方法为我们计划的工具箱又增添了一把分析利器,即风险战略审计。最后我们通过审视风险生态中伙伴关系的意义来结束这个问题。换句话来说,这个问题涉及了众多学科,包括玄学、应用数学、公司经济学和公司财务学等等。

对于风险智慧的影响,我们将分十个步骤来总结,它以公司未来的打算作为开始,以对业务和经济问题的反思作为

第六章

结束。本章根据四大风险智慧原则对十个步骤进行了分组,进一步充实了风险智慧原则,下面我们来讨论这十大步骤。

识别哪类风险是可习得的。

识别哪类风险可以最快地习得。

将风险项目按"习得路径"排序。

利用商业伙伴关系网络管理所有的风险。

步骤一:选择项目、处理问题、进行冒险时,随时要考虑其中的风险是否可习得

如何分配时间和资源,是我们每一个人都需要做的最基本的决策。通常,我们首先确定目标,然后设定一些备选方案,预测各种方案的结果,最终选择那个结果最好的方案。

要获得最好的结果,关键在于预测水平的高低。一些预测可能质量较高,而另一些预测可能极差。如果在某一次预测中,很不幸,我们的预测水平低于平均水平,我们该如何是好?假设我们是一家保险公司的代理商,并且我们认为,商业贷款是一项新业务的最佳增长点,但如果我们不善于处理贷款风险,那么将自讨苦吃。

这一问题的出现与银行多年以来一直管理的市场风险无关,因为市场风险是随机的,任何银行不可能在评估这些风险方面具有持久的优势。就可习得风险而言,我们开展的一项新的工作是,追踪记录它们对人们生活和业务的影响。因此,预测水平差异化问题逐渐引人注意,并且越来越重要。

努力提高风险智慧

一个全新的竞争领域已经在我们面前徐徐地拉开了帷幕。过去,各大公司只是在直接成本(如固定设备和劳动生产力)方面进行竞争,在顾客管理和市场细分环节方面开展竞争。如今,他们则在基于风险的优势方面(如风险智慧)开始新的竞争,它影响到所有的负责人,包括公司损益、部门、资源分配、销售目标或者项目管理。

在选择分配时间和资源的过程中,非常关键性的一步,是首先询问,在我们所面临的风险中,哪些是可习得的。在许多的项目中,经常存在混合型的风险。因此,在最初,我们要进行大体的区分,将可能存在市场风险的项目与包含可习得风险的项目区分开来,这样我们就可以清楚地知道,在哪一类项目上,我们具有优势。

识别哪类风险是可习得的。

识别哪类风险可以最快地习得。

将风险项目按"习得路径"排序。

利用商业伙伴关系网络管理所有的风险。

步骤二:为备选方案的风险智慧进行评分,按高低顺序排列不同方案

对于每一主要项目、问题、决策或者解决方案中的所有重大风险,评定其风险智慧的分数,每一风险的五大相关要素的分数分别设为0、1或者2分(见表6-1)。如果你在评估风险和风险变化原因方面比其他人有优势,那么你得2分;如果你的能力只是达到平均水平,那么得1分;如果你低于平均水平,

第六章

那么得分为 0。总得分为 0—10 之间，5 分是平均分。

接下来要按风险智慧分数排列项目。如果你要从事风险智慧得分最低的项目，你应当谨慎的扪心自问，如何解决其中的重重困难。对于自认为可最快了解的风险项目，可能会分配更多的资源。

表 6-1　风险智慧分数

通常你的经验与风险相关吗？	
这些经验与影响风险的要素之间的相关性如何？	
这些经验的独特性如何？	
这些经验作为信息来源，其多样性如何？	
如何系统地追踪记录你所了解的环节？	
	总分

步骤三：在风险智慧评分中，寻找适合于你自己的模式并努力改善它

查看你的风险智慧评分中，是否存在某种模式；尤其要注意，你或者组织的评分模式是否与印象主义者、百科全书主义者、健忘者相吻合（见表 6-2）。

表 6-2　你是哪种类型的学习者

	印象主义者	百科全书主义者	遗忘主义者
经验总量	1	1	2
经验相关性	0	2	1
经验的意外性	2	0	1
经验的多样性	1	1	1

(续表)

| 记录经验 | 1/5 | 1/5 | 0/5 |

　　印象主义者做事果断,有时甚至过于果断。他能够从对自己具有重要影响的特殊经验中进行归纳总结,但是他可能将这些经验应用到不相关的场合。在这种情况下,补救的药方是增加经验的范围和幅度。

　　百科全书主义者对组织的方方面面都有所了解,但仅仅浅尝辄止。他们不具有创新性,没有"出奇制胜"的理念。因此,他们的决策缺乏强健的基础。补救措施是增加经验,尤其是增加与顾客接触的体验。

　　健忘者对与组织现存问题相关的经验念念不忘,但是他可能在确定这些经验的优先性或者与同事交流这些经验方面存在障碍。最好的补救方式是,让他的同事们找到一种有效方式来分享她的经验。

　　通常情况下,经理们应当评估团队的风险智慧类型。如果一个团队能够均衡拥有印象主义者、百科全书主义者和健忘者各自的优势,那么它将无人能挡、战无不胜。

　　识别哪类风险是可习得的。
　　识别哪类风险可以最快地习得。
　　将风险项目按"习得路径"排序。
　　利用商业伙伴关系网络管理所有的风险。

步骤四:对主要业务实施风险战略审计

　　核查你的风险战略。可能你没有意识到风险战略的存

第六章

在。事实上,它确实存在,它是由个人或者组织分配时间和资源的方式决定的。在公司里,它的存在就像主营业务风险那样,简单自然。对于销售经理而言,风险战略可能意味着销售力量的地区配置或者产品集群问题。对于信息技术经理或者运营经理来说,可能是某些主要项目或者改善操作程序的问题。对我们每个人来说,可能是为完成年度目标使用不同备选方案的问题。

风险战略到底与什么有关?本书认为,风险智慧对每一主要风险都是至关重要的。除此之外,还有一个重要因素,是每一种主要风险分散其他风险的能力如何?对每一风险,我们要获取相关技能对其进行评估,要了解其分散其他风险的程度。

图6-1显示了上述的相关信息,图上的每一个圆圈代表不同业务、项目或者部门的主要风险;圆圈的大小通常表示项目在个人的总收入或者公司总收入中的份额;同时,它也表明你在该项目投入时间的多少。

图6-1 风险战略审计工具:组合视图

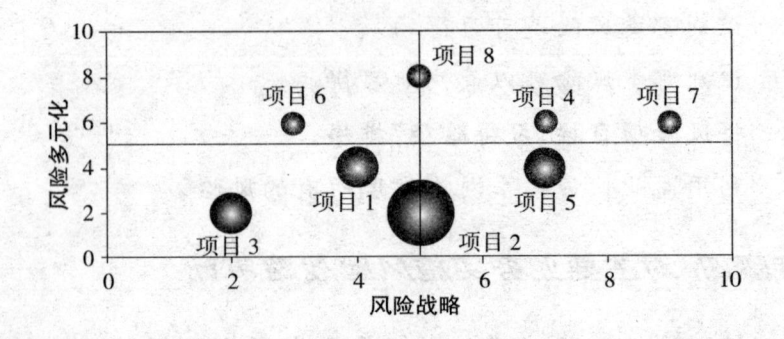

在图6-1上，横轴表示风险智慧评分，反映每一种风险得分，纵轴表示分散风险能力的数值。能够被你有效评估的，并且能够被其他风险所分散的，这样的项目位于右上方，那些你能够评估但是其他无法分散风险的项目位于右下，依此类推。

由于最初我们一般不擅长评估风险，因此我们经历的风险通常都是始于左上方。同时，由于这类项目中包含的风险很小，因此其风险极易被分散。随着我们对风险的理解不断深入，风险会逐渐转移到右方。这种情况的发生，主要是因为随着项目的发展，其他风险无法再分散项目中的主要风险，因此它会继续向下方移动。假设我们不再监控影响风险的因素，它将向左移动。因此，项目的风险呈现出按顺时针方向移动的特点，即从左上方移动到左下方，这就形成了一个曲线路径。

图6-1的主要用途是在路径中发现漏洞和问题堆积。出现问题堆积表明需要同时了解诸多方面，出现漏洞则表明错过了一次发挥学习资源作用的机会。如果主营业务丧失了竞争优势，我们将为之感到遗憾。

步骤五：根据威胁公司增长的各种缺陷，对新型风险路径进行分类

如果你负责公司损益，应该经常对比公司的风险战略与成长战略（见图6-2）。对成长战略的勾画，传统的方式是画出每项业务的市场成长情况，或者显示公司在总体市场上的

第六章

竞争地位或份额。在此,每一项业务仍用圆圈表示,其大小代表利润的多寡。

图6-2 风险战略矩阵与成长战略矩阵

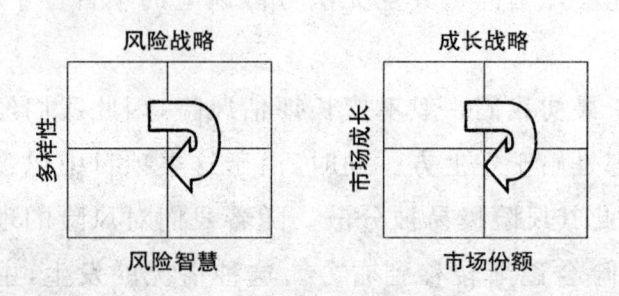

风险战略审计与公司的系列业务增长和市场份额矩阵具有许多共性。纵轴(分散风险的能力和市场增长)表示业务的特性,横轴(风险智慧和市场份额)表示公司在那些业务中的地位。最重要的是业务在这两种矩阵中均呈现出按顺时针方向移动的特点。

后一个特点有助于比较项目的增长特性和风险特性,对比哪一方衰退的速度更快。例如,业务在成长战略矩阵上按顺时针方向移动的轨迹比在风险战略矩阵上移动的轨迹更偏向于外围,因此尽早脱离该项业务才是上策,否则早期的赢利能力难以抵抗风险问题的困扰,等到那时就悔之晚矣。

对于整体风险战略的优势与劣势也应当进行归纳。你应该经常询问自己,是否已经做过充足的试验?是否积累了丰富的专业知识与技能?相关风险是否过于集中?精力是否过于分散?图6-3显示了四种战略模型,它们都有助于我们解决这些问题。

图 6-3　四季风险战略模式

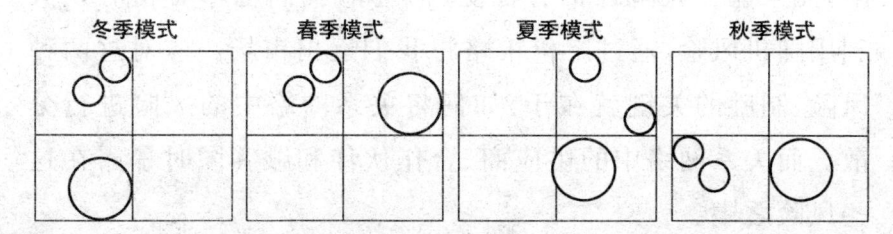

冬季模式　　春季模式　　夏季模式　　秋季模式

这四个矩阵中,纵轴表示分散风险的能力,横轴代表风险智慧。冬季战略不具备支配性优势,春季战略缺少核心业务,夏季战略没有持续发展的空间,秋季战略缺乏弹性。

这些模型可以解释项目实际执行中出现的各种独特表现,也可以提供满足风险路径的弥补方案,但是它们也简化了潜在个体或者公司合作伙伴间的战略匹配问题。对于那些公司意欲收购的潜在企业的价值,这些模型可以显示许多相关信息。

识别哪类风险是可习得的。
识别哪类风险可以最快地习得。
将风险项目按"习得路径"排序。
利用商业伙伴关系网络管理所有的风险。

步骤六:比较风险角色矩阵和风险伙伴网络

不管是管理某一部门或项目,还是控制资源,我们都应该全盘考虑业务伙伴构成的风险关系网络。不同的风险性质决定在关系网络中所扮演的角色。

第六章

　　风险角色取决于随机风险和可习得风险。对于随机风险,无人能在风险评估方面更胜一筹,我们也不必担心别人利用随机风险,通过定价策略将我们逐出市场。应对这两种风险,制胜的关键就在于:如何将关系网络中的风险进行分散。而关系网络中的供应商、合作伙伴和顾客同时暴露在这些风险之中。

　　不同的成员,在关系网络中,在吸收和转移风险方面,扮演的角色是不一样的,这样我们可以将主要风险画在风险角色矩阵中(见图6-4)。用矩阵来代替风险战略审计,每一项目或者业务的主要风险以圆圈表示,圆圈大小代表项目的利润或者花费时间的多少。

图6-4　风险角色矩阵

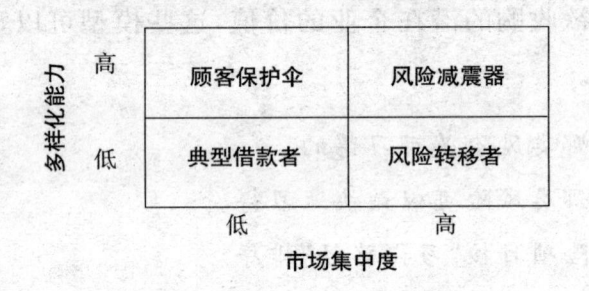

	低	高
高	顾客保护伞	风险减震器
低	典型借款者	风险转移者

纵轴:多样化能力　横轴:市场集中度

　　稍有不同的是风险角色矩阵的横轴,它表示每一风险的市场集中度。我们可将其视为随机多样性的一部分,这种多样性类似于股票市场相关风险(确切的称谓是,风险的夏普指数,即总风险与市场收益之比,较高的夏普指数表示较高的市场集中度)。

在风险角色矩阵上,项目或者业务风险仍然用圆圈表示,这样可以一目了然地找出你应当扮演的理想角色。例如,如果风险具有较低的市场集中度,你又有能力去分散它,可能你会扮演顾客保护伞的角色,因为你具备分散风险的能力,能够为供应商和顾客吸收风险,他们愿意为此作出补偿,很显然,充当这种角色是有意义的。由于这类风险的市场集中度较低,通常它反映了供应方而非需求方的不确定性,因此一般情况下顾客很难评估这类风险。

如果风险的市场集中度较低,你无法分散该风险,那么你可能扮演典型借款者的角色,银行和其他的投资机构非常愿意承担此类风险,因为其较低的市场集中度意味着与市场的关联性较小。虽然你无力分散这些风险,但是银行等投资机构完全有能力分散风险。

如果风险的市场集中度较高,你本身能够分散这些风险,你可能会扮演风险减震器的角色;因为分散风险的能力使你处于有利的地位,你帮助供应商和顾客分散了部分风险,他们愿意为你提供一定的补偿。风险的市场集中度高,说明了业务与市场相关联的成分很多;假设所有的条件都是相同的,主要的不确定性可能来自市场需求方。在这种条件下,如果你的供应商缺少对风险的洞察力,那么它需要通过你的保护来规避风险。

最后,如果风险的市场集中度高,你却无法分散它,这就相当棘手了。风险的市场集中度高说明市场关联性高,任何金融机构也不能有效分散这些风险。市场集中度高源自顾

第六章

客的不确定性,顾客消费行为产生的风险不能再"送回"顾客那里,这时候,你需要转向供应商,寻求他们的帮助,这样你的角色变成了风险转移者。

步骤七: 比较适合组织的风险角色与适合风险的角色

在风险角色矩阵上,风险可以沿着两条路径移动。风险沿着低端路径移动,说明市场被为数不多的几家"垄断"大机构所控制,在这种情况下,风险会逐渐扩散到整个经济中。例如,精酿啤酒最初在美国仅仅受到专家们的青睐,到20世纪90年代,开始广泛流传。现在这种业务对于专营公司来说越来越重要;随着时间的流逝,经验的增加,其风险在风险角色矩阵上的位置会下移。另外,由于整个市场对它的关注不断增加,其市场集中度也增强了,因此风险从矩阵的左方移动到右方。这显示了风险的间歇性变化(见图6-5)。

图6-5 风险角色迁移的低端与高端路径

"高端路径",反之亦然。当市场中存在数量众多的"浅尝辄止型"组织时,这种风险就会出现,不过他们并不刻意关注这类风险。随着时间的发展,当潜在风险已经广泛分布于市场时,会出现一两个专家型的机构。例如,大多数公司喜欢自己建立网站,而不是依靠专门制作网页的公司。这类风险反映了更加持续不断的创新性。

对于面临的主要风险,当你使用风险角色矩阵时,需要弄清楚以下的问题:你的多数风险是沿着低端路径还是高端路径移动?个人或组织是具有垄断的特性,还是更具有浅尝辄止的特性?

如果你在独行侠式的项目上更具优势,你可能需要更多地关注低端路径风险,这种业务是那些大型的多元化经营的公司所不能提供的,它需要具备良好的信用等级。

如果你的公司更擅长多元化经营,那么你就应该关注高端路径风险。这适合于那些能够分散、吸收高端路径风险的组织。由于这些风险可随市场的变化迅速改变,因此组织分散这些风险的能力是颇有价值的。尽管,股票本来已经受到很多市场风险的影响,这仍然会增加公司股价的压力,

步骤八:把握时机,将可习得风险转化成随机风险

从长远考虑,如果你负责公司的损益、销售或者采购,并且你的可习得风险的评估能力不及他人,很自然地,你可能希望减少部分竞争威胁。要达到这个目的,我们可以先对不同的业务列出主要的可习得风险和相应的风险智慧评分。某些业务,尽管你的风险智慧得分很低,但你还是必须承担责任,这时候,你就要寻找一种方法,能够将这种习得风险劣势转化成随机风险。

第六章

　　假设公司的设备具有一定的残值,但你不知道价值几何,而且你必须把他们再转手卖出去,这其中充满了风险。如果你对于这些风险的评估并不具有特别的优势,这时你不妨改变风险本身的性质。

　　例如,你可以致力于发展该设备市场,当然这其中的机会微乎其微,但总比将陈旧的设备和家具放到 eBay 网上销售强得多。这可能会引发一轮旧设备价值重估的热潮,你说不定发现在这个特定市场中,买卖两方都偏爱透明的定价。

　　这样,市场定价的方式会影响到旧设备的价值,其性质就发生了变化,也就是,你的可习得风险劣势转化成了一种市场随机风险;相比起那些能够更好地掌握设备价值的竞争对手来说,你不再处于劣势地位。此时,尽管你的风险智慧评分较低,但是这并不影响大局。

步骤九:核查新启动的市场是否与目标市场相关

　　对于创新者和企业家们面临的大多数可习得风险,顾客是风险智慧的主要来源之一。一方面,顾客的消费行为会告诉我们是什么原因促进或者妨碍了业务的进一步开展;对于新成立的公司或者小型公司而言,第一批顾客提供的信息更有价值,它告诉了我们,我们渴望满足的那个更大的市场究竟是怎样的。

　　风险智慧评分的问题之一是顾客反馈信息的相关性。什么因素影响我们所面临的主要风险?信息的相关性能否会帮助我们寻找答案?如果这些主要风险与公司更广泛的市场发展前景密切相关,那么核心问题就是第一批顾客所反馈的信息与市场的相关性。换句话来说,最初的和最具价值的那批顾客是公司的培训师,但是顾客提供的信息可以引领我们披荆斩棘,解决预期的重大困难吗(比如,我们要在国内市场立足)?

如果我们最初启动的市场与国内市场,甚至全球市场具有相似性,那么顾客提供的反馈信息就帮了我们一个大忙。这种情况,通常要求国内市场具有同质化和一体化的特征,然而这样的国内市场往往并不存在。例如,公司可以编写或者销售某种软件,通过它来追踪记录大型项目的进展情况,这种软件可能会受到华盛顿哥伦比亚特区政府承包商们的欢迎,但是在政府部门之外的市场上该软件并不畅销。

在这种情况下,即使你不了解你的顾客群体,但是你仍然必须强迫自己去满足他们的需求,否则你就面临风险的威胁。更糟糕的是,如果我们最初启动的市场已经很大,致使我们一叶障目,不见泰山,不能从这个市场上超脱出来,那么我们就会失去继续开发其他市场的动力,这种情况蕴藏的风险更大。

因此,步骤九与马歇尔·菲尔德(Marshall Field)和约翰·沃纳梅克(John Wanamaker)提出来的"顾客总是对的"这一古老的名言背道而驰。顾客对于自身情况的判断可能是正确的,但是他对于更广泛的顾客群体的判断也许并不准确,因此他所提供的反馈信息与我们计划应对的风险可能不具有相关性。

第六章

任何从事销售业务的个人或者团体，都是以最有可能接受产品的群体作为目标顾客的，这种不确定性本身就是一个挑战。在我们启动新业务时，必须将那些不太热衷我们产品的顾客也考虑在内，虽然暂时我们不能满足这些顾客的需求，但这并不意味着将来也不行。这些消费者可以开拓我们的视野，突破我们头脑中狭隘的市场观念。我们因此可以边学边干。

步骤十：寻找机会，突破风险和成长之间的相互制约

公司战略家、财务主管和商业领袖们一直在努力解决成长与风险之间的平衡，这是一个令人头痛的问题，我们对许多公司的成长战略与风险战略做过比较，通常他们都是在其中一方面更具优势。快速成长的公司所面临的风险一般是他们无力控制的，而风险智慧水平高的公司却总是徘徊于低速成长的领域。成长与风险似乎此消彼长、互相制约，两者关系难以协调。获得高成长必须承担高风险，而低风险又以牺牲发展为代价。

风险智慧评分并未揭示上述规律，我也无意夸大风险智慧评分的作用，但是它确实能解释信息如何影响风险。如果认为业务的高速成长导致了风险智慧相关要素得分低，例如导致业务经验的总量、相关性、奇特性、多样性或者记录等等诸方面分值偏低，这是毫无道理可言的。相反，高速成长的战略应当能够改善风险相关的影响要素，因此高速成长不应

该降低公司的风险智慧。

我们很容易理解为何风险智慧水平高的公司总是身陷增长缓慢的业务中。例如，世界上优质心脏瓣膜的生产厂商可能某一天会面临缺乏需求的问题，因为在国内市场上，心脏病患者对企业产品的需求已经达到饱和。在此，我们强调的是国内市场，如果在非洲，可能很多患者需要人工心脏瓣膜，但是该产品供不应求，这对生产企业来说是个好消息。

世界各国的医疗条件迥异，我们为此感慨叹息，同时我们也应当看到，虽然公司在成长缓慢的发达国家的市场上已经站稳脚跟，但这种情况可以确保公司抓住新的增长机会。利用这些机会，公司既可以满足新顾客的需求，也可以尝试一些新的高效的经营模式。在不发达国家经营的困扰是风险四伏：首先面临的风险是落后的、未强制执行的商业规则；其次，更大的风险是调整产品和服务，满足新市场需求，因为新市场在财富状况和生活方式等方面呈现出与国内市场完全不同的特征。

如果公司拥有高水平的风险智慧，但是却不能借此优势实现快速发展，那就说明风险智慧优势未能发挥应有的作用。在大多数行业中，深谙商业风险之道的机构享有大量的机会，他们在新兴市场上能够充当革新性的中介力量。如果一个企业具有高水平的风险智慧，那么它没有必要受限于业务成长缓慢的状况，公司可以通过对外直接投资来寻找机会。虽然投资带有大量风险，但是总有人愿意从风险中掘

第六章

金。

我们对于风险智慧的理解仍然存在不少缺陷与不足,需要进行弥补和完善。例如,经验与风险的相关性问题,涉及如何对影响风险的因素进行诠释。这种诠释缘何而来?仅仅只是猜测吗?如果是这样的话,如何评价风险预测的水平?作为一种激励补偿,风险智慧究竟意味着什么?

这样,我们已经探讨了一个很大的主题。正如其名一样,情感智力与风险智慧这两个名词具有某些共性,但是风险智慧不仅仅只是探讨智力、能力的问题。[1] 风险智慧不仅取决于在某一环境下我们解决问题的方式,也取决于我们利用经验性资源的方式。我们所处的环境和获得的经验资源都是社会性的,风险智慧亦如是。

注　　释

第一章

1. 至少,这是来源于一个有意思的陈述。David Wallechinsky and Irying Wallace, "Wilmer McLean at the Beginning and End of the War," http://www. trivia-library. com/b/civil-war-history-wilmer-mclean-at-the-beginning-and-end-of-the-war-part-1. htm.

2. 美国内战的第一场战斗发生在华盛顿特区附近的弗吉尼亚,南方联盟赢得了胜利。一年之后,南方联盟几乎在同一个地区赢得了另一场胜利。这次战役被称为第二次布尔朗战役。南方联盟把这两次遭遇战称为第一次和第二次马纳萨斯战役。见 E. D. Hirsch Jr., Joseph f. Kett, and James Trefil, eds., The New Dictionary of Cultural Literacy: What Every American Needs to Know, 3rd ed.（New York: Houghton Mifflin, 2002）。

3. Joe Curreri, "A War Began in His Front Yard—and Ended in His Parlor: The Hidden Face in the Civil War," http://www. historyonline. net/shortstory/ss97-1. htm.

4. 同上。

5. Paul Milevskiy, Geoffrey C. Kiel, and Gavin J. Nicholson, "Does Board Involvement in Risk Management Add Value?"（Annual Meeting of the Academy of Management: Creating Actionable Knowledge, New Orleans, August 6-11, 2004）.

6. Ronald M. Becker, "Lean Manufacturing and the Toyota Production System," http://www. sae. org/topics/leanjun01. htm.

注释

7. 同上。

8. 怎样用公式来表述和选择假设、假说或理论的详细情况，可以参见 Joseph M. Firestone and Mark W. McElroy, Key Issues in the New Knowledge Management (Boston: Butterworth-Heinemann, 2003), chapter 5; and Ilkka Niiniluoto, Critical Scientific Realism (Oxford: Oxford University Press, 1999) chapter 6。

9. Daniel Goleman, Emotional Intelligence (New York: Bantam Books, 1995).

第二章

1. Harry Markowitz, "Portfolio Selection," *Journal of Finance*, June 1952.

2. Jeffrey A. Frankel, "Book Review: 'The Crisis of Global Capitalism,' by George Soros," http://ksghome.harvard.edu/~jfrankel/sorosrvw.pdf, 3.

3. William Poole, "Understanding the Term Structure of Interest Rates" (Down Town Association, New York City, June 14, 2005).

4. Benjamin Esty and Pankaj Ghemawat, "Airbus vs. Boeing in Super Jumbos: A Case of Failed Preemption," working paper 02-061, Harvard Business School, Boston, February 2002, 1.

5. 同上。

6. 同上, 7 页。

7. 见 http://www.boeing.com/companyoffices/aboutus/execprofiles/condit.html.

8. See http://www.airbus.com/en/corporate/people/Forgeard_bio.html.

9. Esty and Ghemawat, "Airbus vs. Boeing in Super Jumbos," 24.

10. 同上, 31 页。

11. 同上,7页。

12. The Group of Thirty introduced the term *value at risk* in 1993, and J. P. Morgan popularized it through its 1994 RiskMetrics risk management service.

13. Martin Christopher and Helen Peck,"The Five Principles of Supply Chain Resilience,"*Logistics Europe*, February 2004,20.

14. See http://www.themoscowtimes.com/stories/2005/01/25/259.html.

15. Christopher and Peck,"The Five Principals of Supply Chain Resilience."

16. AIG, *Annual Report* 2003,7.

17. Burton G. Malkiel, *A Random Walk Down Wall Street: The Time-Tested Strategy for Successful Investing* (New York: W. W. Norton, 2003),186—192.

18. Michael E. Porter, *Competitive Strategy: Techniques for Analyzing Industries and Competitors* (New York: Free Press, 1980),35—36.

19. 同上,12页。

20. Malkiel, *A Random Walk Down Wall Street*,245.

21. 这是一个关于上帝存在性的帕斯卡尔赌博论证版本:身后错误好过永背骂名。它选自帕斯卡尔1660年写的书籍,《思想》(*pensees*)的第二章第三篇。有时候法国的小学生可以通过戏剧《亨利四世》中天主教式的冷嘲热讽的谈话了解它。亨利的那种冷漠观点是赌博值很多,而帕斯卡尔则认为很多值得一搏。

22. Karl R. Popper, *The Open Universe* (London: Routledge, 1982).

23. 同上,68—77页。

24. 同上,88页。

25. Thomas M. Cover and Joy A. Thomas, *Elements of Infor-*

mation Theory (New York: Wiley, 1991). See chapter 7 on "Kolmogorov Complexity," 144—145.

26. David S. Landes, *The Wealth and Poverty of Nations: Why Some Are So Rich and Some So Poor* (New York: W. W. Norton, 1998), 295—296.

27. William W. Lewis, *The Power of Productivity: Wealth, Poverty, and the Threat to Global Stability* (Chicago: University of Chicago Press, 2004), 9.

28. William Easterly, *The Elusive Quest for Growth: Economists' Adventures and Misadventures in the Tropics* (Cambridge, MA: MIT Press, 2001).

29. Paul Romer, "The Economics of Growth," *The Concise Encyclopedia of Economics* (http://www.econlib.org/library/Enc/EconomicGrowth.html).

第三章

1. 见 http://www.nln.nih.goo/changing the faceofinedicine/physicians/biography_12.html.

2. 我们通常的直觉是，几个主要的可观察的风险可以说明大多数项目的情况。这非常类似于掷两个骰子时出现的可能输的数字，比如说，6、7和8解释了掷出骰子后出现的不相称的数字。这种情况运用了雅各布·伯努力（Jacob Bernoulli）大数定律（Ars Conjectandi, 1973）。也就是说，只要样本足够大，它的平均数总是会趋向于总体平均数。如果样本的概率总是接近观察总体的平均概率，我们可以将它定义为典型集合。信息理论通过典型集合已经将它模型化了。见 Thomas M. Cover and Joy A. Thomas, Elements of Information Theory (New York: Wiley,1991) ,50—51。3。

3. "The Fall of a Corporate Queen," Economist, February 5, 2005, 57—58.

4. *Fianancial Times*, February 1, 2005.

5. Gary Belsky and Thomas Gilovich, *Why Smart People Make Big Money Mistakes and How to Correct Them: Lessons from the New Science of Behavioral Economics* (New York: Simon & Schuster. 2000), chapter 5.

6. Paul Romer, "Beyond the Knowledge Worker," *Worldlink*, January/February 1995.

7. Karl R. Popper. *Objective Knowledge: An Evolutionary Approach*, rev. ed. (New York: Oxford University Press, 1979), 109.

8. 一些理论家,如戴维·米勒,喜欢谈论假说的实证支持,他的根据是,我们总是要寻找充分的假说证据,但不必要寻找概率很高的假说。例如,零概率假说毫无疑问是正确的;因为它仅仅只是作出了一个非常一般的断言,而这个断言在大多数对这个世界的陈述中必定是错的。保持假说证据的各自概念,这可以使我们比较容易地把概率作为批判性判断的主客观标准。见 David Miller, *Critical Rationalism: a Restatement and Defense*(Chicago: Open Court, 1994)。其他的理论家,如理查德·杰弗里认为,可以运用概率来了解假说,把概率看做是一种主观判断的理性程度。他们通常把概率作为备选假说的逻辑延伸;而这些备选假说满足最初的貌似有理的可交换条件。见 Richard Jeffery, *Subjective Probability: The Real Thing* (Cambridge: Cambridge University Press, 2004)。还有其他一些人,他们不重视其中的矛盾,依靠概率只是把它作为一种手段,而不是体现一种目的。例如,Ilkka Niiniluoto 认为假说的概率不是主观的而是认识性的,它不仅在证据阐释上有用的而且在主观批判性判断上是开放的。见 Ilkka Niiniluoto, *Critical Scientific Realism* (Oxford: Oxford University Press, 1999, section 4.5)。现在的书籍没有尽力解决这种争论,但以中立的态度参考了假说的可变概率。情况是这样的:给定一种新经验,它把概率作为一种逻辑工具来跟踪现存的相互竞争的假说,然

注释

后通过经验证据把其中的一些剔除出去。

9. Karl R. Popper, *Realism and the Aim of Science* (London: Routledge, 1985), 219.

10. See http://www-groups.dcs.st-and.ac.uk/~history/Mathematicians/Shannon.html.

11. C. E. Shannon, "A Mathematical Theory of Communication," *Bell System Technology Journal* 27(1948): 379—423, 623—656.

12. Myron Tribus, *Thermostatics and Thermodynamics: An Introduction to Energy, Information and States of Matter, with Engineering Applications* (Princeton, NJ: Van Nostrand, 1961),

13. Cover and Thomas, *Elements of Information Theory*, 16—20.

第四章

1. Clayton M. Christensen, *The Innovator's Dilemma: When New Technologies Cause Great Firms to Fail* (Boston: Harvard Business School Press, 1997).

2. 这种情况大多数是真的,许多公司都使用债务或者依靠信用评级。既然股权投资者能够分散他们自身的风险,他们没有必要因为业务的集中于某家公司而惩罚这家公司。但是,如果业务对公司总收入的贡献上下起伏,那么从事这种业务的员工会感到有压力。在极端情况下,如果其他业务能够平衡这种业务带来的波动,他们会去竞聘竞争者的工作。

3. 层次分析法(analytic hierarchy process)在 Expert Choice System 软件中的实现是一种是把主观评级判断转化成客观权重分析的有力方法。例如,对许多项目,它可以根据经理在面对不同种类的主要风险时所拥有的评估技巧来产生客观权重。见 T. L. Saaty, The Analytic Hierarchy Process (New York: McGraw-Hill, 1980)。关于

Expert Choice System 软件的更多的信息,可以参考 http://www.expertchoice.com。

4. 对与风险相关的经验总量的测度,与电话销售访问或者供应商评估是一样客观的;对风险相关性的客观测度包括:在给定风险动因的各种备选理论的情况下,测度经验可能性的标准差;对经验独特性的客观测度包括不可能性的估测;例如,成功访谈统计上的不可能性;对经验多样性的客观测度包括不相关信息源的样本计算。

5. 见 http://multinationalmonitor.org/mm2004/122004/mokhiber.html。

6. Robert E. Hall, "The Labor Market Is the Key to Understanding the Business Cycle," *National Bureau of Economic Research*, September 23, 2004, http://www.stanford.edu/~rehall。

第五章

1. 如果我们说这些风险是不可习得的或者真正随机的,这样更准确吗?毕竟,对于表面上看来的随机过程,其结果最直接的描述是我们所知道的一种最简单的方式,那就是生成、复制或者习得。如果生成组的最简洁有效的可计算过程与组的描述一样长,那么,信息理论家可以把这一组结果定义为算法随机。见 Thomas M. Cover and Joy A. Thomas, *Elements of Information Theory* (New York: Wiley, 1991),157。既然我们只能从可习得风险中区分随机风险,那么,本书将所有非习得风险看做是随机风险。但是,仍然存在未能解决的形而上学的问题,如一些非习得风险过程是否是非随机的呢。

2. 夏普指数是指风险投资相对于可变投资回报的平均回报率(超过无风险利率的部分)。由于平均回报率反映了与市场相关的整体可变性的组成部分,夏普指数高意味着市场相关风险百分比高;同样地,低夏普指数意味着市场相关风险百分比低。这就说明了高夏普指数的项目应该落在矩阵的右边;反之,低的就应该在左边。

3. 真实的数字取决于我所要求的置信水平,就像评估风险一样。

注释

例如,我可能想知道置信水平为百分之一时最糟糕的情况。

4. Ron Gluckman, http://www.gluckman.com/LaoSilk.html.

5. William Easterly, *The Elusive Quest for Growth: Economists' Adventures and Misadventures in the Tropics* (Cambridge, MA: MIT Press, 2001).

6. 同上,275—276页。

7. 同上,279—280页。

8. K. R. Popper, *The Open Society and Its Enemies* (London: Routledge & Kegan Paul, 1945).

第六章

1. Daniel Goleman, *Emotional Intelligence* (New York: Bantam Books, 1995).

作者简介

戴维·阿普加(David Apgar) 是公司执行委员会的常务董事,在 2001 年到 2003 年期间,他为公司财务主管和财务控制人员推出了最佳实践研究方案。他曾经在麦肯锡工作三年,担任保险、再保险和资本市场代理方面的业务咨询和业务经理。在此之前,戴维在雷曼兄弟金融集团担任副总裁,负责金融公司、银行、保险公司的重组与并购方面的工作,并作为通货监理的高级政策顾问为银行证券销售建立了一个基础性的框架。他提出了墨西哥债务减免方案,并作为参议员比尔·布拉德利的经济学顾问,先行设计了布雷迪债券(Brady bonds)利率减免方案。

戴维拥有哈佛大学文学学士(AB),牛津大学图书馆学硕士(MA),兰德研究学院(RAND Graduate School)博士学位。